GUILLERMO BARRANTES

CON LA COLABORACIÓN
DE DANTE GONZÁLEZ

CRÓNICAS MUNDIALES

Récords y mejores anécdotas de la historia

Dirección editorial
María José Pingray

Edición
Francisco Gorostiaga

Asistente editorial
Jesica Ozarow

Diseño y diagramación
Andi Landoni y Elisabet Lunazzi

Corrección
Pamela Pulcinella

Producción industrial
Aníbal Álvarez Etinger

Barrantes, Guillermo
Crónicas mundiales: récords y mejores anécdotas de la historia / Guillermo Barrantes. - 1ª ed. - Ciudad Autónoma de Buenos Aires: X Guadal, 2023.
112 p.; 24 x 17 cm.
ISBN 978-987-1713-73-8
1. Mundiales de Fútbol. I. Título.
CDD 796.33409

Fotos de tapa: Fabideciria; A. Taoualit; Vlad1988 / Shutterstock.com

www.editorialguadal.com.ar

PROLOGOL

¡Qué bueno que está el Mundial de fútbol!

Para los amantes de este deporte, no hay momento más espectacular, más fabuloso, más emocionante que el Mundial. Es que en la Copa del Mundo se enfrentan las mejores selecciones del planeta, conformadas en su mayoría por grandes jugadores, varios de ellos estrellas en las ligas más importantes. Pero también porque es la oportunidad de ver jugar a equipos de países lejanos, a veces con poca tradición futbolera, aunque pueden dejarnos con la boca abierta en cualquier momento.

Cada Mundial es un encuentro único de culturas, historias, pasiones. Los colores y los cánticos en diferentes idiomas se mezclan con el sonido de cornetas y bombos que buscan alentar a sus jugadores.

Y, sobre todo, cada Mundial es como una película, con su comienzo, su desarrollo y su final. Es algo único que nace con la explosión de alegría que brota de las tribunas en el primer partido de las eliminatorias, y finaliza con el capitán del equipo campeón del mundo levantando el trofeo tan deseado: la Copa Mundial de la FIFA.

Aunque la verdad es que los Mundiales parecen no terminar nunca, porque se siguen jugando en cada comentario, en cada álbum de figuritas, en cada repetición televisiva, en cada libro —como este— que los revive.

Y ya que estamos hablando del libro que tienen en las manos, sepan que luego de este «ProloGol» se encontrarán con todas esas cosas maravillosas que hacen eterno a un Mundial de fútbol: goles increíbles, árbitros en apuros, penales ejecutados de las maneras más locas, festejos alucinantes, cabezazos con sombrero, goleadas gigantescas, confusiones para la carcajada, selecciones imposibles, finales para el infarto, récords de todo tipo, relatores desubicados...

lleva la pelota... le sale el arquero... le pega de emboquillada y...

Este... perdón, se me escapó. Sepan disculparme, pero me emocioné y... y bueno, así es la pasión por este deporte, ¡¡vemos goles en todos lados!!

Y ahora prepárense, porque ustedes también están a punto de jugar un Mundial en estas páginas. Si el asombro les deja superar la primera sección dedicada a las eliminatorias, habrán entrado al torneo en sí; y si luego de enterarse de los hechos más curiosos de la primera ronda, se animan a continuar, podrán avanzar vestidos con los colores de la selección de

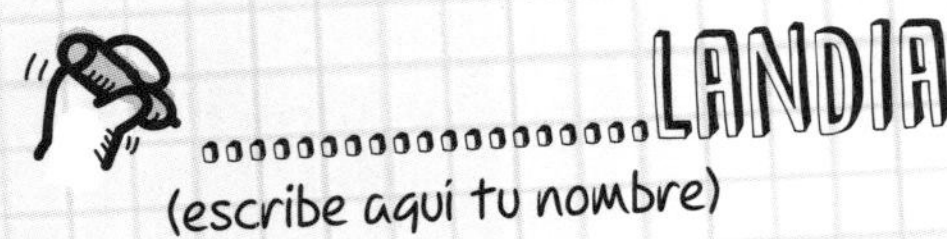

hasta ganar la final y levantar el trofeo que los consagrará campeones. ¡Suerte!

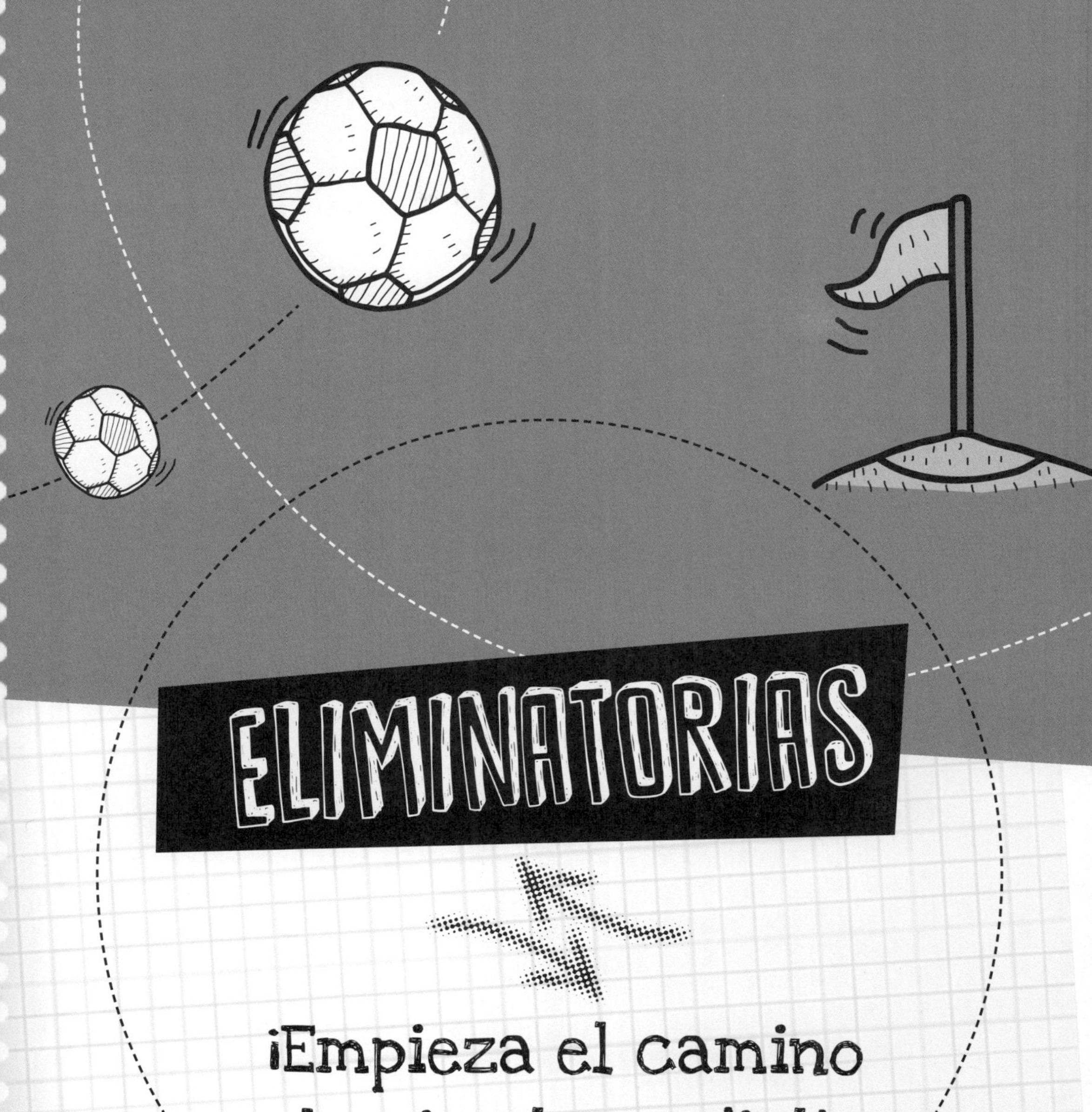

ELIMINATORIAS

¡Empieza el camino hacia el Mundial!

LEJOS DE TODO

Un largo viaje hacia el primer Mundial de la historia

Hace mucho tiempo, allá por 1930, se jugó el primer Mundial de fútbol. Y si bien fue el único que no tuvo eliminatorias, de alguna manera, sobre todo para las selecciones europeas, sí las tuvo.

—¿Tenemos que ir hasta Uruguay? —se quejaron casi todas las federaciones futboleras de Europa cuando se enteraron de que habían elegido aquel país de América del Sur como sede de la primera Copa del Mundo.

Es que la selección uruguaya de fútbol había ganado los dos últimos Juegos Olímpicos. Merecían ser los anfitriones. Pero en Europa seguían enojados.

—No podemos ir. Uruguay está lejos de todo —llegaron a decir algunos y rechazaron la invitación al gran evento.

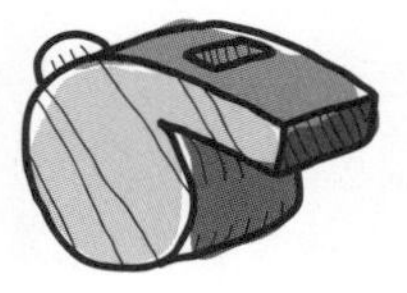

¡GOLAZO!

Hay que pensar que por aquel entonces trasladarse desde Europa hasta Uruguay significaba un largo y costoso viaje a través del océano. Y fue así que solo cuatro países europeos se animaron a realizar semejante aventura: Francia, Rumania, Bélgica y la desaparecida Yugoslavia. Mientras los franceses, rumanos y belgas viajaron a bordo del barco Conte Verde, en cuya cubierta entrenaban para mantenerse en forma, los yugoslavos lo hicieron en el Florida, una pequeña embarcación de correos.

Estas cuatro selecciones no jugaron eliminatorias, pero fue como si lo hicieran, porque debieron vencer la distancia y los obstáculos que los separaban de la sede mundialista. Esa misma distancia fue la que terminó «eliminando» a los demás países de Europa. Así fue que estos valientes llegaron a la costa uruguaya luego de quince días de haberse embarcado, y se unieron a las otras escuadras para conformar las trece naciones que participaron de aquel primer Mundial.

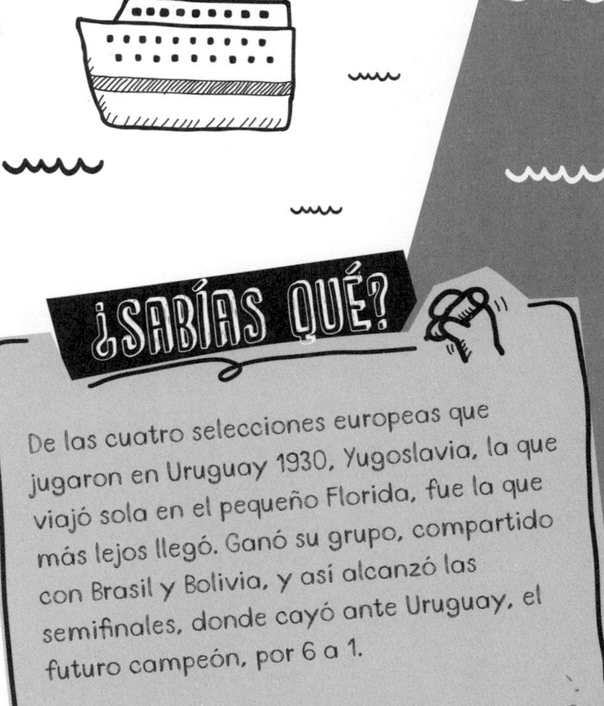

¿SABÍAS QUÉ?

De las cuatro selecciones europeas que jugaron en Uruguay 1930, Yugoslavia, la que viajó sola en el pequeño Florida, fue la que más lejos llegó. Ganó su grupo, compartido con Brasil y Bolivia, y así alcanzó las semifinales, donde cayó ante Uruguay, el futuro campeón, por 6 a 1.

EL GOL EN CONTRA MÁS FESTEJADO

Como no hubo etapa clasificatoria para Uruguay 1930, los seleccionados de Suecia y Estonia tuvieron el honor de disputar, el 11 de junio de 1933 en Estocolmo, el primer partido oficial por una eliminatoria para un Mundial de fútbol, concretamente para Italia 1934.

Los más de 8.000 espectadores que presenciaban aquel partido tan especial, solo tuvieron que esperar siete minutos para que se abriera el tanteador, luego de una confusa jugada en la que el arquero de Estonia, Evald Tipner, terminaría metiendo el balón en su propio arco. ¡Suecia ganaba 1 a 0! ¡Los jugadores suecos se abrazan en el campo de juego! Pero entonces, cuando terminaron de festejar, vieron algo que los dejó asombrados, algo que no podían entender: ¡sus contrincantes también festejaban! ¿Cómo era posible? ¿Por qué los jugadores de Estonia felicitaban una y otra vez a su arquero? La respuesta era tan sencilla como insólita: aquel gol no era un gol cualquiera, se trataba del primer gol en la historia de las eliminatorias para un Mundial, y el nombre de Evald Tipner quedaría para siempre en los anales del deporte... ¡aunque fuera por un gol en contra!

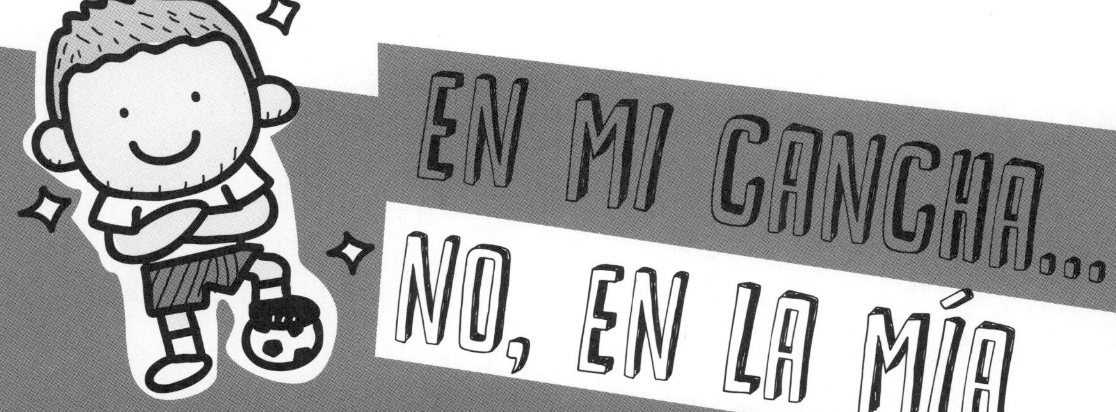

EN MI CANCHA... NO, EN LA MÍA

Las selecciones de Estados Unidos y México tenían que jugar un único partido para saber cuál de ellas estaría en el Mundial de Italia 1934. Pero, claro, ninguna de las dos quería ser visitante en un encuentro tan importante.

Viendo que el tiempo pasaba y los países no se ponían de acuerdo, las autoridades internacionales decidieron que ambas escuadras deberían viajar a Italia para jugar allí mismo aquel partido.

Así lo hicieron. Y para poner a prueba los nervios de mexicanos y estadounidenses, casi como un castigo por no llegar a un arreglo, el encuentro se disputó... ¡tres días antes del comienzo del gran torneo!

Estados Unidos ganó aquel partido por 4 a 2, y México pudo decir que estuvo en Italia, aunque no haya jugado el Mundial.

Las autoridades internacionales decidieron que ambas escuadras debían viajar a Italia.

¿SABÍAS QUÉ?

Los cuatro goles de Estados Unidos fueron marcados por Aldo Donelli, quien, luego de retirarse como jugador, se convirtió en entrenador de fútbol... ¡pero de fútbol americano!

MO HENG Y SU TEMIBLE TALISMÁN

¡CUIDADO! ¡EL ARQUERO TIENE UNA MUÑECA!

Pocas selecciones han dejado su huella en la historia haciendo tan poco como las Indias Orientales Holandesas (actualmente Indonesia), que se convirtió en el primer representante del continente asiático en un Mundial... ¡sin disputar ningún partido!

En realidad, según el *fixture* de las eliminatorias para Francia 1938, Indias Orientales Holandesas debía enfrentarse a su par de Japón para definir una plaza en el Mundial. Pero los japoneses se negaron a jugar.

La leyenda cuenta que en la escuadra nipona le tenían miedo al talismán de la suerte que usaba el arquero del equipo contrario. Era verdad: Mo Heng, el guardameta de Indias Orientales Holandesas, salía siempre al campo de juego llevando en brazos una extraña muñeca de madera que, él aseguraba, le traía suerte.

Los japoneses ya habían caído por 7 a 1 contra esta selección en 1934, así que para evitar un nuevo papelón a causa de aquella muñeca mágica, se retiraron de la competencia.

¿SABÍAS QUÉ?

Con Cuba sucedió algo parecido, ya que también llegó a Francia 1938 sin disputar partido alguno. Así se convirtió en la primera selección del Caribe en jugar un Mundial. Su selección se clasificó directamente luego de que varias escuadras americanas enojadas renunciaran a la competencia porque el Mundial no se celebraba en su continente.

EL PARTIDO DE LOS WILLIAMS

¡Ocho Guillermos en un solo partido!

«Lleva la pelota William, esquiva a William y sigue avanzando; ahora se la pasa a William, este deja atrás a William haciéndole un "caño" y tira un centro perfecto para William... pero la pelota es rechazada por William. El árbitro pita y las acciones se detienen, señores. William le cometió falta a William y tenemos un peligroso tiro libre. Seguramente le pegará William...».

Así de loco tuvo que haber sido el relato del partido jugado en Glasgow entre Escocia e Inglaterra el 15 de abril de 1950, como parte de la eliminatoria europea para el cuarto Mundial de la historia, que se realizaría en Brasil. Es que nunca un partido fue jugado por tantos Guillermos —el nombre inglés «William» se traduce como «Guillermo»—. Fíjense si no: Escocia alineó entre sus muchachos a William Woodburn, William Steel, William Moir, William Waddell, William Bauld y William Liddell, mientras que la escuadra inglesa incluyó entre sus once titulares a William Wright y William Dickinson. ¡Ocho Guillermos en un solo partido! Un récord que los Pablos, Marcelos y Sebastianes del mundo entero han querido batir en vano.

El encuentro lo ganó Inglaterra 1 a 0, o sea que ninguno de los Williams escoceses pudo quebrar la resistencia del arquero inglés, cuyo nombre completo era Bert Frederick... ¡Williams!

DESCALZOS O NADA

La selección de la República de la India se había ganado el derecho de participar por primera vez en un Mundial. Contentos, los jugadores indios comenzaron a armar su equipaje para viajar a Brasil 1950. Pero había un pequeñísimo detalle: ninguno de ellos dejó lugar para los botines... ¡porque simplemente no los usaban para jugar! Así, descalzos, los futbolistas de la República de la India habían participado en los Juegos Olímpicos de Londres de 1948, en donde hicieron un muy buen papel vendiendo cara su derrota al poderoso seleccionado francés. Por lo tanto, ni locos llevarían botines a Brasil. Jugarían el Mundial descalzos.

Pero cuando las autoridades del torneo se enteraron, no hubo caso. La prohibición fue terminante. Los jugadores tenían que salir al campo de juego con los pies calzados. ¿Tendrían miedo de que a mitad del partido no se aguantara el olor?

La cuestión fue que el equipo indio no aceptó... ¡y decidió no jugar el Mundial!

¿SABÍAS QUÉ?

Los dirigentes del fútbol indio comenzaron a pensar que la idea de jugar con botines no era tan mala cuando, dos años después, en los Juegos Olímpicos de Helsinki 1952, su selección perdió por un apabullante 10 a 1 con Yugoslavia. La principal razón de la goleada fue que los pies de los jugadores que defendían los colores de la República de la India estaban congelados a causa del terrible frío, propio de la capital de Finlandia.

¿CONTRA QUIÉN JUGAMOS?

¿Eh? ¡¿Dónde queda Sarre?!

Esa debió haber sido la pregunta que se hicieron las escuadras de Noruega y Alemania Federal cuando se enteraron de que compartirían el grupo clasificatorio para el Mundial de Suiza 1954... ¡con la selección de Sarre!

Lo que sucedió fue que Sarre era una pequeña región entre las naciones de Francia, Luxemburgo y Alemania Federal. Durante unos pocos años, Sarre tuvo cierta autonomía, y eso le permitió, entre otras cosas, crear una selección de fútbol. Su equipo fue reconocido y anotado para jugar las eliminatorias del quinto Mundial. Y a los desconcertantes sarrenos no les fue tan mal. Si bien perdieron sus dos partidos contra el equipo alemán, a los noruegos consiguieron empatarles 0 a 0 y ganarles 3 a 2, y así quedaron segundos en el grupo. Lástima que al Mundial solo viajaba el primero.

Hoy Sarre pertenece a Alemania, pero nadie puede quitarles el honor de haber tenido su propia selección. Aunque esta haya existido durante menos de seis años.

Sarre era una pequeña región entre las naciones de Francia, Luxemburgo y Alemania Federal.

¿SABÍAS QUÉ?

Uruguay sí se clasificó para Suiza 1954, y para medir sus fuerzas quiso jugar un partido previo al Mundial... ¡contra la selección de Sarre! Ambas selecciones vestían de celeste, por lo que los sarrenos debieron disputar el cotejo con una inusual casaca roja. El resultado fue 7 a 1 a favor de los rioplatenses, y este partido se transformó en el único enfrentamiento entre Sarre y un equipo no europeo.

LA MANO DE FRANCO GEMMA

Franco Gemma no era un jugador que tocó la pelota con la mano en un partido y su expulsión perjudicó a su equipo. Tampoco se trataba de un arquero cuya mano salvadora hizo historia. No, nada de eso: Franco Gemma era un simple niño de unos diez años, quien, sin pisar un campo de juego, hizo que su mano enviara a una selección directamente a un Mundial.

Este hecho increíble sucedió en el grupo 6 de las eliminatorias para Suiza 1954, en el que España y Turquía, en partidos de ida y vuelta, debían definir quién de los dos disputaría la Copa del Mundo.

España era el gran favorito, ya que mientras su selección había terminado cuarta en el Mundial de Brasil 1950, Turquía no tenía mucha historia en torneos internacionales.

El primer partido fue en tierra española, y los locales cumplieron con los pronósticos al ganarle a los turcos cómodamente por 4 a 1. Pero Turquía dio la sorpresa, y en su casa ganó 1 a 0. Y como la diferencia de goles no se tenía en cuenta, esa ajustada victoria le bastó para forzar un último partido en tierra neutral.

Franco Gemma era un simple niño de diez años.

Aquel tercer encuentro se disputó en el Estadio Olímpico de Roma, pero el emocionante 2 a 2 final no desempató el asunto y obligó a las autoridades a definir todo allí mismo... ¡mediante un simple sorteo! Fue entonces cuando apareció Franco Gemma, el hijo de un empleado del estadio. El niño fue llamado para elegir, con los ojos vendados, el papelito con el nombre del país vencedor. Y así fue como su inocente mano hizo gritar de felicidad a toda Turquía y dejó a los favoritos sin Mundial.

¿SABÍAS QUÉ?

Franco Gemma no hubiera sido parte de la historia de los Mundiales si en aquel entonces hubiera existido la definición por penales. Pero hubo que esperar más de veinte años para ver el primer partido de eliminatorias para un Mundial definido de esa manera. Recién sucedió el 9 de enero de 1977 en el enfrentamiento entre Túnez y Marruecos. Los tunecinos ganarían gracias a los penales 4 a 2 , y luego se transformarían en los únicos representantes de África en Argentina 1978.

ESO SÍ QUE ES ENTRENAR

Todos le tenían miedo a la Alemania Federal que se clasificó para jugar en México 1970. Es que no solo se trataba de la selección subcampeona del mundo (había perdido la final contra Inglaterra en el último Mundial), sino que acababa de realizar una eliminatoria casi perfecta: de los seis partidos que jugó, ganó cinco y empató uno, y terminó con veinte goles a favor y únicamente tres en contra.

Además, aquellos jugadores alemanes parecían invencibles. Grandes, fuertes, de mirada penetrante, como si se tratara de robots programados para ganar, cueste lo que cueste.

Y al que le quedara alguna duda de este poderío, solo tenía que ver cómo entrenaba Karl-Heinz Schnellinger. Este incansable defensor de la selección alemana, además de moverse como ninguno en las prácticas, iba y venía... ¡corriendo junto al micro que trasladaba a sus compañeros!

Uno de los partidos de aquella sensacional eliminatoria alemana terminó con una histórica goleada que fue récord durante mucho tiempo. Aquel encuentro se disputó el 21 de mayo de 1969, y Alemania Federal le ganaría a Chipre por ¡12 a 0!

LA SELECCIÓN INVISIBLE

¿SABÍAS QUÉ?

Después de esta increíble clasificación, la selección de Chile jugó un verdadero partido de fútbol para festejar el estar en Alemania 1974. Ahora sí tenía un rival enfrente: el Santos de Brasil. Pero los jugadores del equipo brasileño... de santos no tuvieron nada. Con un categórico 5 a 0, vapulearon a los chilenos y empañaron un poco la celebración.

Una de las modificaciones en la eliminatoria para Alemania 1974 fue la creación de un repechaje en el que el ganador del grupo 9 de la clasificación europea debía enfrentarse al ganador del grupo 3 de Sudamérica para definir cuál de las dos selecciones iría al Mundial.

Los protagonistas de este repechaje resultaron ser la desaparecida Unión Soviética y Chile. En el primer partido, que tenía a los soviéticos como locales, ninguno de los equipos pudo sacar diferencias, así que sellaron un empate en cero.

Era el turno de la revancha en tierras chilenas. Y entonces, el día en que se celebraba aquel segundo partido, la selección de Chile salió al campo de juego, sacó del medio, avanzó con pelota dominada hasta el área contraria y le marcó un gol… ¡a nadie! Sí, solo estaban los jugadores chilenos en la cancha. Hicieron aquel gol como si jugaran contra un equipo invisible, contra una selección fantasma.

¿Cómo fue posible semejante cosa? Pues sucedió que los soviéticos, por razones políticas, se negaron a jugar el partido en el estadio designado. Y ni siquiera viajaron a Chile. Por lo tanto, la selección sudamericana saltó aquel día al campo de juego, donde no la esperaba ningún rival, y marcó ese tanto simbólico, que lo clasificó, de la manera más insólita posible, a Alemania 1974.

EL DÍA QUE LOS KIWIS SORPRENDIERON A TODOS

Si se imaginaron un partido suspendido por una inexplicable lluvia frutal de kiwis maduros, se equivocan. No, tampoco existió un gol hecho con una extraña pelota formada por medio kilo de kiwis pegados con cinta adhesiva. Los kiwis del título no son comestibles: son los jugadores de la selección de fútbol de Nueva Zelanda, que son llamados así.

Y el milagro lo hicieron en la eliminatoria para el Mundial de España 1982. Nadie creía que pudieran conseguirlo. Pero lo consiguieron.

Primero los Kiwis debieron ganar el grupo de Oceanía, con victorias como un 2 a 0 de visitante contra la selección favorita, Australia, y un demoledor 13 a 0 a Fiyi.

Luego, al ser sorpresivamente los mejores de su continente, integraron una nueva eliminatoria a doble partido con las selecciones de Kuwait, China y Arabia Saudita. Los dos países que sacaran más puntos irían al Mundial. Los otros dos se quedarían afuera.

AQUEL 19 DE DICIEMBRE DE 1981, LOS KIWIS SALIERON A DEJAR EL ALMA EN EL CAMPO DE JUEGO.

¿SABÍAS QUÉ?

A los jugadores de la selección de Nueva Zelanda no les dicen «Kiwis» por la fruta que conocemos con ese nombre, sino debido al ave no voladora natural de ese país oceánico, llamada, justamente, kiwi.

Cuando a Nueva Zelanda le faltaba jugar contra Arabia Saudita el último partido, el sueño de llegar al Mundial parecía inalcanzable. Es que para forzar a un desempate por el segundo pasaje a España 1982 (Kuwait ya había conseguido la primera plaza) Nueva Zelanda tenía que ganarle a los árabes por cinco goles de diferencia... Una cosa era meterle trece goles al modesto equipo de Fiyi, otra muy diferente era marcarle cinco goles a la respetable selección de Arabia Saudita.

Aquel 19 de diciembre de 1981, los kiwis salieron a dejar el alma en el campo de juego. Y vaya si la dejaron. Los goles empezaron a llegar uno tras otro. Para colmo, cuando el partido estaba 4 a 0 a favor de los neocelandeses, el árbitro les dio un penal.

Era el momento de la verdad. Si lo convertían, habrían llegado a los imposibles cinco goles. Brian Turner, el jugador que debía patearlo, temblaba tanto que le era imposible acomodar la pelota en el punto penal. Estaba tan nervioso... ¡que el mismo referí tuvo que tranquilizarlo, como si se tratara de su propio hijo!

El gran gesto del árbitro, casi como un regalo de Navidad, sirvió, y mucho: Turner convirtió el penal, Nueva Zelanda ganó 5 a 0 y así forzó a un partido desempate contra el otro segundo del grupo, China... ¡a quien también derrotó 2 a 1 e hizo realidad el sueño de todos los Kiwis!

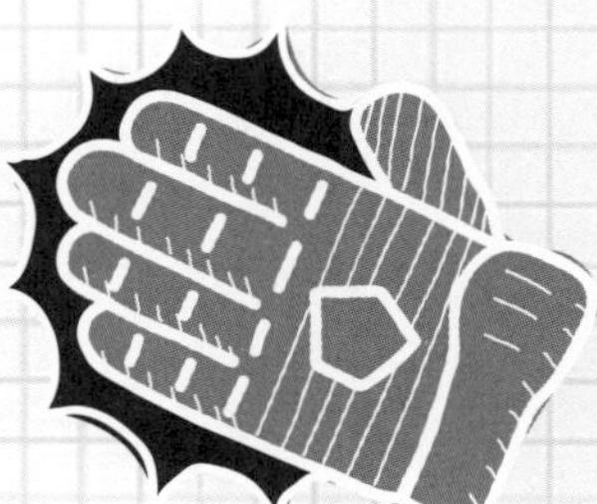

CUIDADO CON SAN MARINO

En las eliminatorias europeas para el Mundial de Estados Unidos 1994, se animó a presentarse por primera vez la incomparable selección de San Marino. Fíjense si no es un caso único.

A pesar de ser la república más antigua del mundo, es extremadamente pequeña: su superficie total es de 61,19 km^2...

¡San Marino entraría trescientas setenta veces en Tucumán, la provincia más pequeña de Argentina!

Y claro, así como no abunda el espacio, tampoco abundan los *cracks* de fútbol. Esto hizo que, para poder juntar un plantel relativamente respetable, el entrenador de San Marino debiera recurrir a empleados bancarios, obreros de fábricas, abogados, panaderos... en definitiva, a los que tuviera a mano, con tal de que más o menos le pegaran bien a la pelota.

¡San Marino entraría trescientas setenta veces en Tucumán, la provincia más chica de Argentina!

¿Cuál les parece que fue la consecuencia inmediata de todo esto? Claro, que San Marino sea una de las peores o, directamente, la peor selección del planeta.

En aquella primera eliminatoria mundialista en la que participó, jugó diez partidos, de los cuales perdió nueve y el restante lo empató. Le convirtieron cuarenta y seis goles, y ellos pudieron meter nada más que dos.

Y eso fue solo el comienzo.

Las eliminatorias y los partidos siguieron pasando, y San Marino a lo único que podía aspirar era a no ser goleado escandalosamente.

En toda su historia, la selección sanmarinense ganó un solo partido. ¡Uno solo! Sucedió el 28 de abril de 2004, cuando por un encuentro amistoso, superó por 1 a 0 al seleccionado de Lienchtestein, otro pequeño país de Europa.

Sin embargo, no todos los récords de San Marino son negativos. Hay uno positivo que de tan espectacular, se tardó muchísimo en superarlo.

Sucedió el 17 de noviembre de 1993, en el último partido de la eliminatoria para Estados Unidos 1994. San Marino jugaba contra la poderosa Inglaterra. Todos esperaban un festival de goles ingleses, pero el encuentro comenzó de la manera más inesperada. El jugador Davide Gualtieri puso el 1 a 0 para San Marino... ¡a los 8,3 segundos de iniciado el partido! Leyeron bien: ¡8,3 segundos! Fue tan rápido el gol de Gualtieri, que hubo que esperar casi ¡23 años! para que alguien le arrebatara aquella marca.

Esto sucedió el 10 de octubre de 2016, en el partido Gibraltar 0 - Bélgica 6, válido para las eliminatorias para Rusia 2018, cuando el futbolista belga Christian Benteke anotó el primer gol de su selección ¡a los 7 segundos!

Aquel día de 1993, Inglaterra cumplió con la goleada y le ganó 7 a 1 a San Marino. Pero para la historia de esta pequeñísima nación, aquel único gol valió por siete goles. Y más también.

¿SABÍAS QUÉ?

A pesar de todo esto, algunos no consideran a la selección de San Marino la peor de todas. El puesto se lo pelea la República de Kiribati, un archipiélago ubicado al noroeste de Australia, cuyo equipo nacional fue vencido por «potencias» como Papúa Nueva Guinea por 13 a 0, Vanuatu por 18 a 0 y Fiyi por ¡24 a 0! Su mejor resultado es haber perdido ante Tuvalu por solo 3 a 2. Pero Kiribati no es la única selección candidata. Para muchos, la re-contra-archi-mega-peor selección de todas es la que defiende los colores de Sark: una isla cercana a Inglaterra que solo jugó cuatro partidos en su historia, y los perdió todos de manera vergonzosa: 15 a 0 con la isla noruega de Froya, 16 a 0 con la fría Groenlandia, 19 a 0 con Gibraltar y 20 a 0 con su vecina, la isla de Wight. ¡Ah! Una de las figuras de su plantel era el jugador Richard Barrie Dewsbury... ¡de 52 años!

¡HONDURAS ESTUVO TAN CERCA!

¿Se puede convertir una goleada histórica y sin embargo quedar triste, muy triste? Sí, se puede. Pregúntenle si no al seleccionado de Honduras. Para llegar a la fase final de la eliminatoria para Francia 1998, debía ser local ante el equipo caribeño de San Vicente y las Granadinas, y ganarle por ocho goles de diferencia, ya que daba por descontado que el poderoso combinado de México le ganaría, al menos por la mínima diferencia, a su par de Jamaica.

Era verdad que Honduras no jugaba contra un gran rival, al que le había ganado tranquilamente en el partido de ida 4 a 1, pero ahora debía hacerle muchos más goles si quería estar en Francia.

El partido se jugó en 1996 ante casi cinco mil hondureños que esperaban el milagro. Y el milagro empezó a concretarse cuando, ya a los tres minutos de juego, Honduras anotó el primer gol. La ilusión creció ocho minutos después, cuando llegó el segundo. Y siguió creciendo cuando a los minutos 19 y 30, marcaron el tercero y el cuarto.

Media hora de partido y Honduras había llegado a la mitad de la diferencia que necesitaba. Nada mal... pero entonces, a los treinta y siete minutos, San Vicente y las Granadinas descontó con un gol de contragolpe. Los caribeños no venderían tan fácil su derrota. Ahora Honduras debía hacer cinco goles más para llegar a esos deseados ocho goles de diferencia.

El equipo local no bajó los brazos a pesar del descuento, y marcó un nuevo gol antes de que terminara el primer tiempo. Luego del descanso vinieron con las mismas ganas, porque rápidamente, con dos goles más, se pusieron 7 a 1.

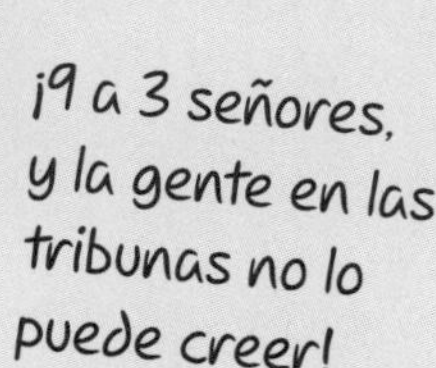

Pero San Vicente y las Granadinas contraatacó con el mismo resultado que antes: golazo, y al minuto 62 de juego puso el partido 7 a 2.

La selección hondureña volvió a la carga y, dejando el alma en la cancha, consiguió dos nuevos goles, así llevó el marcador a 9 a 2.

Siete goles de diferencia, solo faltaba uno.

Entonces, San Vicente y las Granadinas, cuando restaban solo quince minutos para el pitazo final, se tomó el atrevimiento de marcar otro gol: ¡9 a 3!

Sin embargo, aquel no era el final. Los jugadores hondureños tenían guardado un resto de pasión. Dos minutos después del tercer gol de los caribeños, Honduras marcó el décimo propio... y a seis minutos del final, Milton *Tyson* Nuñez volvía a mandar la pelota al fondo de la red, y el partido terminaba con un fabuloso 11 a 3.

Increíblemente, Honduras cumplió con esos ocho goles de diferencia. Pero el que no cumplió fue México, que ante la sorpresa de todos perdió su partido contra Jamaica, dejando afuera del Mundial a los héroes hondureños.

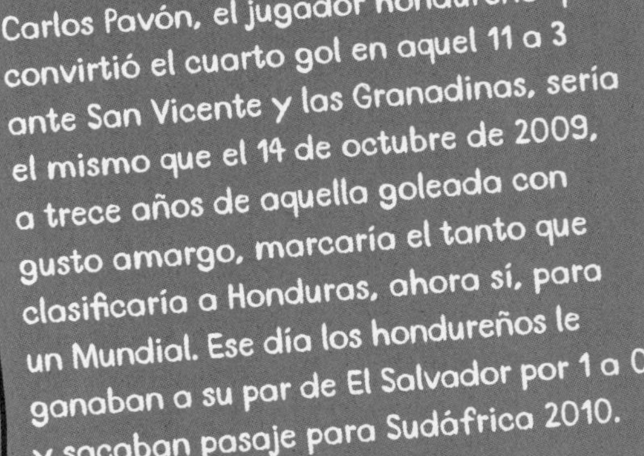

¿SABÍAS QUÉ?

Carlos Pavón, el jugador hondureño que convirtió el cuarto gol en aquel 11 a 3 ante San Vicente y las Granadinas, sería el mismo que el 14 de octubre de 2009, a trece años de aquella goleada con gusto amargo, marcaría el tanto que clasificaría a Honduras, ahora sí, para un Mundial. Ese día los hondureños le ganaban a su par de El Salvador por 1 a 0 y sacaban pasaje para Sudáfrica 2010.

MONTSERRAT SIGUE VIVA

Montserrat es una isla muy pequeña ubicada en el mar Caribe. Su selección es una de las más modestas del mundo, tanto que sus oponentes se pelean para ver quién le hace más goles… Pero hay algo en lo que es muy difícil vencer a los montserratenses, algo en lo que, sin dudas, son superiores: la pasión, el coraje, el optimismo.

Es que en 1995, el volcán Soufrière Hills, ubicado en la parte sur de la isla, hizo erupción y obligó a los habitantes de Plymouth, la que era su capital, a abandonar el lugar y dirigirse a la parte norte del minúsculo país o a alguna isla cercana. Desde aquel entonces el volcán se ha mantenido en actividad, y se enoja de vez en cuando, lanzando lava, fuego, rocas y humo de una forma impresionante.

A pesar de tener más de la mitad del país clausurado, cubierto de ceniza volcánica, a pesar de ver reducida su población a unos pocos valientes que se animaron a quedarse en la isla, la selección de fútbol de Montserrat siguió jugando. A veces hasta con el riesgo de una erupción en pleno entrenamiento. ¡Eso sí que es tener ganas de practicar fútbol!

La selección de fútbol de Montserrat siguió jugando, a veces hasta con el riesgo de una erupción en pleno entrenamiento.

Uno podría pensar que el humo del volcán les hizo mal, que los futbolistas y dirigentes de Montserrat están todos locos. Pero uno de estos directivos, Claude Hogan, lo explica muy bien, para que entendamos por qué hacen lo que hacen.

«Ya es de por sí una gran victoria juntar a un equipo capaz de disputar un partido de clasificación para el Mundial. Eso solo significa que seguimos aquí, que Montserrat sigue viva».

Esta corajuda selección intentó, entre erupción y erupción, clasificarse para los Mundiales del 2002, 2006, 2014 y 2018, a pesar de que recibió, en muchos casos, apabullantes goleadas.

Sin embargo, como dice Claude Hogan, sea cual sea el resultado final, para ellos, el solo hecho de jugar es un triunfo a la adversidad. Sí, Montserrat, en cada partido, le gana por goleada, nada más y nada menos, que a un volcán.

¿SABÍAS QUÉ?

No solo los volcanes son peligrosos en la zona del Caribe. También están los huracanes. Si no pregúntenle a Granada, que en 2004 tuvo que soportar la furia del huracán Iván, que provocó grandes destrozos, entre ellos, el de las instalaciones para las prácticas de la selección de fútbol. Así y todo, el equipo de Granada siguió entrenando, aunque debían aprovechar bien la luz del día, hasta el último rayito de sol... al menos hasta que se volvieran a instalar los destruidos focos que alumbraban la cancha.

UNA GOLEADA HISTÓRICA

Habría que inventar una palabra, porque «goleada» no alcanza para definir lo que sucedió el 11 de abril de 2001 en la ciudad australiana de Coffs Harbour. Aquel día se enfrentaron por las eliminatorias de Oceanía para el Mundial de Corea-Japón 2002 las selecciones de Australia y Samoa Americana. Y el partido quedó en la historia.

La selección del país de los canguros era muy superior al combinado samoano, en cuyas islas, ubicadas en el océano Pacífico sur, la práctica de fútbol daba sus primeros pasos. Y los australianos no perdonaron. Lo suyo no fue una lluvia, fue un diluvio de goles. Cuando el referí pitó el final del primer tiempo, el tablero del estadio marcaba… ¡Australia 16 – Samoa Americana 0!

Cuesta imaginarse la charla técnica que les dio el entrenador samoano a sus vapuleados jugadores. Pero, al parecer, para algo les sirvió, porque no jugaron tan mal en el segundo tiempo, ya que en vez de dieciséis, les marcaron… ¡quince goles! ¡Sí, el marcador final del partido fue Australia 31 – Samoa Americana 0!

Fue la goleada más abultada en la historia de las eliminatorias mundialistas.

¿SABÍAS QUÉ?

Después de la goleada histórica de Australia, el arquero del equipo oceánico desapareció. Fue como si se lo hubiese tragado la tierra. Es que aquellos 31 goles fueron demasiados para él y decidió irse lejos, lejos... pero siempre hay revancha, porque diez años después, en noviembre de 2011, Nicky Salapu volvió al arco de su selección... ¡y con él como titular, Samoa Americana consiguió su primera victoria oficial al vencer por 2 a 1 a Tonga por las eliminatorias para Brasil 2014.

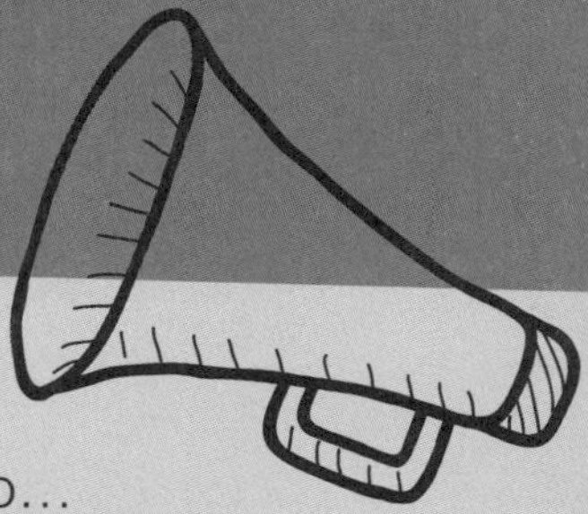

En promedio, Nicky Salapu, el arquero de Samoa Americana, tuvo que ir a buscar la pelota dentro de su arco… ¡cada dos minutos, cincuenta y cuatro segundos! Y eso que, según los periodistas presentes en el estadio, el guardameta samoano fue la figura del partido… ¡menos mal!

No solo se trata de la goleada más abultada en la historia de las eliminatorias mundialistas, sino que el australiano Archie Thompson se convirtió en el jugador que más cantidad de goles anotó en un partido oficial… ¡con trece aciertos!

AUSTRALIA
31
SAMOA AMERICANA
0

Fueron tantos los goles que metió Australia que los encargados del tablero en el estadio perdieron la cuenta y se confundieron, mostraron como resultado final Australia 32 – Samoa Americana 0.

Cuando se revisó el video del encuentro, se hizo el recuento de las conquistas australianas y se corrigió el marcador a 31 – 0. Tal vez pensaron que después de los treinta, los goles empezaban a valer doble...

EL GOL IMPOSIBLE

9 de octubre de 2004. Partido clasificatorio para el Mundial de Alemania 2006. Por un lado, el local, Liechteinstein, una de las selecciones más débiles de Europa, acostumbrada a perder por goleada, venía de caer 7 a 0 con Eslovaquia. Del otro lado, Portugal, en ese momento subcampeón de Europa, con fabulosos *cracks* como Cristiano Ronaldo y Pauleta, venía de ganarle 4 a 0 a Estonia.

Por donde se lo mirara, el seleccionado de Portugal tenía por delante un recital de goles, mientras los liechtensteinianos (linda palabrita para un trabalenguas) tratarían de que la cuenta fuera lo menos abultada posible.

Liechteinstein es una de las selecciones más débiles de Europa.

Fue por eso que el primer tiempo no sorprendió a nadie: casi sin despeinarse, los portugueses se marcharon al descanso 2 a 0 arriba.

Cuando comenzó la segunda parte y a los tres minutos Liechteinstein descontó y puso las cosas 2 a 1, todos pensaron que se trataba de pura casualidad, que ese gol no haría otra cosa más que enfurecer a los portugueses, quienes empezarían a marcar gol tras gol.

Pero nada de eso sucedió. De la mano de su arquero Peter Jehle y del aliento de los más de cuatro mil hinchas que llegaron al estadio, Liechteinstein no solo aguantó, sino que cuando faltaban catorce minutos para el final del partido, consiguió el gol que nadie esperaba. Lo imposible sucedió cuando el desconocido Thomas Beck tiró un centro que nadie cabeceó, la pelota picó y se metió en el arco del arquero portugués que, sorprendido, se estiró en vano. ¡Gooool de Liechteinstein! La débil selección empataba el partido ante el asombro de todos. Y consiguió mantener el empate.

A pesar de la hazaña, Liechteinstein estuvo bien lejos de clasificar para Alemania 2006. Pero aquel increíble 2 a 2 contra Portugal, para ellos, fue casi como si hubieran ganado la Copa del Mundo.

El heroico empate con los portugueses fue el primer punto rescatado por Liechteinstein en una clasificación mundialista. Hasta aquel 9 de octubre de 2004, había jugado veinte partidos por eliminatorias, y los había perdido todos, claro. Aquel inolvidable 2 a 2 fue como un empujón para animarse a más, y así lo hicieron. En la fecha siguiente de clasificación, conseguirían su primera victoria en la fase preliminar de un Mundial, al ganarle a Luxemburgo. Está bien, Luxemburgo no es lo mismo que Portugal. ¡Pero Liechteinstein le ganó 4 a 0! ¡Y de visitante!

CUESTIÓN DE FAMILIA

La Copa de las Naciones de Oceanía del año 2012 tenía un incentivo especial: no solo consagraría a una selección como campeona del continente más pequeño del planeta, sino que clasificaría a sus cuatro semifinalistas para un *play off* eliminatorio cuyo premio sería uno de los repechajes para el Mundial de Brasil 2014.

Y una de las selecciones que demostró, desde el comienzo del torneo, querer aprovechar esa posibilidad mundialista, fue la de Thaití, que en su primer partido vapuleó a la escuadra nacional de Samoa, ni más ni menos que por 10 a 1.

Pero hubo algo más asombroso que el abultado tanteador, un récord que será muy difícil de igualar. Nueve de los diez goles con los que ganó Tahití… ¡fueron convertidos por miembros de la misma familia! Sí, para terminar de creerlo basta con revisar las estadísticas oficiales del encuentro: Lorenzo Tehau hizo cuatro, mientras que Alvin Tehau, su mellizo, y Jonathan Tehau, su otro hermano, marcaron dos cada uno. El tanto restante lo consiguió Teaonui Tehau, el primo de ellos.

¿SABÍAS QUÉ?

Finalmente, la selección de Thaití no consiguió llegar al Mundial, pero sí viajó a Brasil para jugar la Copa FIFA Confederaciones 2013. Su sola participación fue algo histórico para el deporte de esta isla. Fue goleado en los tres partidos que disputó, recibió veinticuatro goles en total y marcó solamente uno. Sin embargo, ese único gol en una competencia tan importante fue muy celebrado. ¿Y saben quién lo convirtió? Claro, uno de los Tehau. Fue Jonathan el que pasó a la historia.

CONTRA VIENTO Y MAREA

Corrían los últimos días del año 2020 y la Asociación de Fútbol de Cuba decidió convocar para su selección nacional a cinco jugadores que militaban en clubes extranjeros. Entre ellos estaba Onel Hernández, futbolista del club inglés Norwich City, y el más esperado de todos. Y sí, hubo que esperarlo más que a cualquier otro.

La idea era que estos jugadores llegaran a La Habana, Cuba, antes de que la selección viajara hacia Guatemala, donde el 24 de marzo de 2021 disputaría contra el combinado local la primera fecha de las eliminatorias mundialistas rumbo a Qatar 2022.

A pesar de que en aquel tiempo estaba en pleno desarrollo la pandemia de covid-19, las autoridades del fútbol cubano se las ingeniaron para conseguir una combinación de vuelos de avión que trasladara a Onel del Reino Unido a Cuba. Pero el primer obstáculo surgió cuando el Norwich City quiso contar con el futbolista cubano para un partido que debía disputar el 20 de marzo. Esto retrasó al pobre de Onel, que no solo permaneció en el banco de suplentes durante todo el encuentro, sino que perdió el avión.

Se descartó, entonces, el arribo de Onel a Cuba, y se pensó en la manera de hacerlo llegar a Guatemala, donde se jugaría el partido por las eliminatorias del Mundial. Así fue que se consiguió que el jugador tomara un vuelo que lo dejó en México. ¡Ya estaba más cerca! Pero sucedió que los vuelos que salían de aquel aeropuerto a Guatemala se suspendieron… ¡porque el volcán Pacaya entró en erupción!

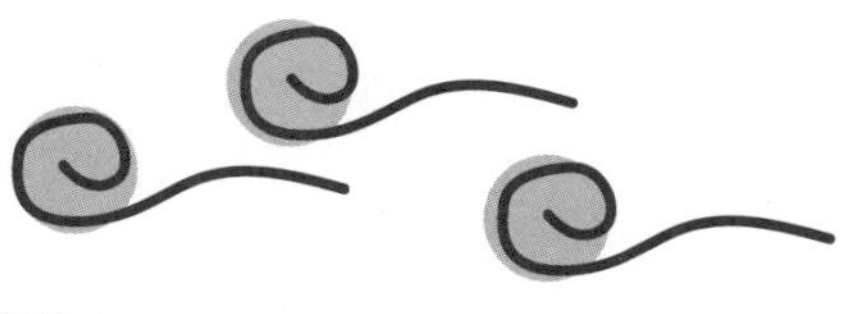

El 23 de marzo cambió la dirección del viento y alejó las cenizas del volcán de las rutas aéreas, pero los vuelos a Guatemala seguían cancelados. Onel decidió acercarse un poco más a su destino, y a la mañana del 24 de marzo, el día del partido, viajó a Tapachula, localidad mexicana que se encuentra a solo 300 kilómetros de la ciudad de Guatemala.

Gracias al cónsul cubano en tierras guatemaltecas, se consiguió que a pocas horas del comienzo del encuentro, un pequeño avión llevara a Onel de Tapachula a Guatemala… ¡vuelo que se retrasó por desperfectos mecánicos!

Cuando el avión de Onel aterrizó en Guatemala, ya corrían los primeros minutos del partido entre el combinado local y el cubano. Lo más rápido que pudo, el jugador se subió a un auto que, con custodia policial, lo llevó hasta el estadio. Onel se vistió con la indumentaria de su selección en el asiento trasero de aquel vehículo, y llegó a la cancha con el tiempo justo para precalentar y pisar el campo de juego al inicio del segundo tiempo.

Aquella tarde, Cuba perdió 1 a 0… pero Onel Hernández le había ganado por goleada a los obstáculos de su travesía.

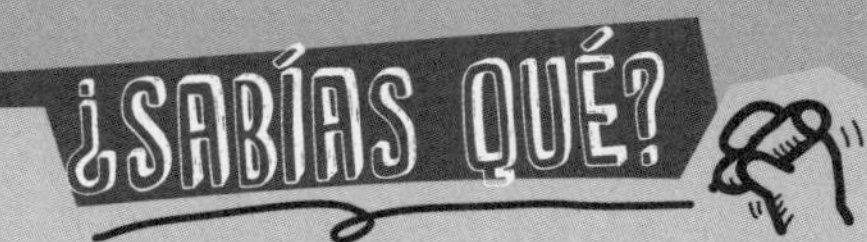

Cuatro días después, frente a Curazao, Onel anotaría su primer gol para el seleccionado cubano en la segunda fecha de las eliminatorias a Qatar 2022.

¿PARA CUÁNDO?

Existen muchos equipos que quieren jugar las eliminatorias mundialistas, pero que aún no pueden porque no forman parte de la Federación Internacional de Fútbol Asociado (FIFA). Aquí van algunas de las selecciones que han hecho diferentes méritos para poder participar y siguen esperando:

GROENLANDIA

Se trata de la isla más grande del mundo y, por su cercanía al Polo Norte, una de las más frías. Si bien pertenece a Dinamarca, ha formado la *Kalaallit Nunaanni Isikkamik Arsaattartut Kattuffiat*, que en groenlandés vendría a ser la Asociación de Fútbol de Groenlandia. Y también formó su propia selección de fútbol, que aunque todavía no haya cosechado grandes logros, se merece participar de las eliminatorias para un Mundial por el solo hecho de animarse a jugar con las temperaturas bajo cero que suelen dominar la isla… ¡que congelan constantemente la superficie de sus canchas!

NAURU

La selección de la República de Nauru, que solo comprende una pequeña isla en Oceanía, es la única en el mundo con una eficacia del 100%. ¡Sí, el equipo nauruano ganó todos los partidos internacionales que jugó! ¡Todos! Ninguna selección del planeta puede decir lo mismo. Pero, entonces… ¿qué están esperando para dejar que esta escuadra participe de las eliminatorias de su continente? Ah, claro… todos los partidos que jugó y ganó Nauru fueron… uno solo. El 2 de octubre de 1994 recibió al combinado de las Islas Salomón y lo venció 2 a 1. Después, sus jugadores guardaron las camisetas azules con una banda diagonal amarilla, y nunca más se las pusieron. Se ve que no quieren dejar de ser la única selección invicta.

CIUDAD DEL VATICANO

¿Cómo? ¿El pequeñísimo Estado donde vive el Papa tiene selección de fútbol? Aunque no lo puedan creer, así es.

La selección está formada por voluntarios de la Guardia Suiza, que son los encargados de la seguridad del minúsculo Estado, por miembros del Consejo Papal, ¡y hasta por guardias de los museos!

LAPONIA

La selección de Laponia representa a una región ubicada al norte de Europa, que se extiende por Rusia, Noruega, Suecia y Finlandia. Ya habría que tenerla en cuenta para una eliminatoria mundialista por su colorida camiseta, donde se mezclan muy alegremente el azul, el rojo, el amarillo y el verde. Si con la vestimenta no alcanzara, tenemos sus logros deportivos, como haber conquistado la Copa Mundial VIVA, un torneo entre selecciones que no pertenecen a la FIFA, allí le ganó en la final a Mónaco por un impresionante ¡21 a 1! Y por si todo esto fuera poco, solo bastaría recordar la leyenda que asegura que en la Laponia finlandesa vive nada más y nada menos que Papá Noel. Si los señores de la FIFA no quieren tener problemas con su regalo de Navidad, les convendría quedar bien con el simpático barbudo que todos los 25 de diciembre se ocupa de entregarlos. Jo, jo, jo…

TRISTAN DA CUNHA

Así se llama el lugar habitado más remoto del mundo. Se trata de un archipiélago a mitad de camino entre Sudamérica y el sur de África. Allí no tienen aeropuerto, ni policía… pero no podía faltarles una cancha de fútbol. ¡Y hasta armaron una especie de selección! Eso sí, al estar perdidos en medio del océano Atlántico, no les queda otra más que esperar la llegada de algún intrépido barco para hacerles partido. Por eso, el primer enfrentamiento «oficial» del seleccionado de Tristan da Cunha fue contra la tripulación del pesquero sudafricano Edinburgh, y su mejor resultado consistió en un 9 a 0 contra el RFA Black Rovers… un pequeño buque petrolero del Reino Unido.

PRIMERA RONDA

¡Llegamos al Mundial!

ALLÁ EN LOS POCITOS

El primer gol en la historia de los Mundiales fue en el escenario más inesperado.

Un gol más grande que el estadio

En Uruguay tenían todo programado. El Estadio Centenario, de Montevideo, con capacidad para casi ochenta mil espectadores, debía estar terminado para que se jugaran en él todos los partidos del Mundial de 1930. Pero, claro, en los días previos al inicio del torneo, llovió tanto, pero tanto, que las obras se postergaron. Sucedió entonces que los organizadores tuvieron que salir a buscar, de apuro, dos canchas para que en ellas se disputaran los primeros partidos de la Copa.

Esto hizo que el primer gol en la historia de los Mundiales se produjera en el escenario más inesperado: el pequeño Estadio de los Pocitos.

POCITOS

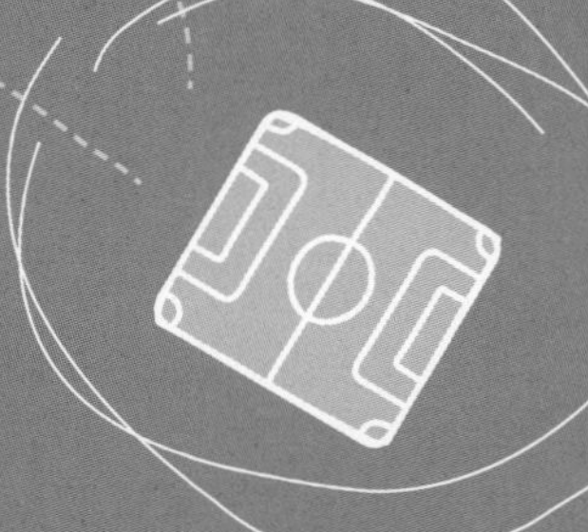

¡QUÉ FRÍO!

El 13 de julio de 1930, a los diecinueve minutos de iniciado el encuentro, el francés Lucien Laurent, luego de un lindo zapatazo, venció al arquero mexicano Óscar Bonfiglio y mandó la pelota al fondo de la red por primera vez en un Mundial. El partido terminó Francia 4 - México 1, y al parecer se jugó bajo una lluvia helada que caía de a ratos. «Nevaba cuando hice el gol», dijo Laurent con respecto a su memorable conquista, que fue tan grande para la historia del fútbol como pequeña era aquella cancha donde todo comenzó.

¿SABÍAS QUÉ?

El mítico Estadio de los Pocitos ya no existe. Pero allí, en Montevideo, más precisamente en las cercanías de la esquina de Coronel Alegre y Charrúa, se alzan dos pequeños monumentos que señalan los lugares exactos donde se ubicaban el centro del campo de juego y uno de los arcos... aquel arco inolvidable en el que la pelota lanzada por los pies de Lucien Laurent se metió y marcó mucho más que un gol.

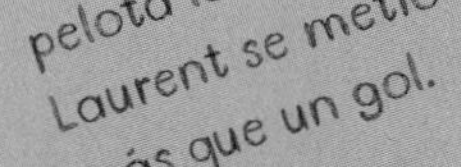

ROJA PARA EL ÁRBITRO

Era el 15 de julio de 1930 y Argentina acababa de jugar su primer partido en un Mundial. Le había ganado 1 a 0 a Francia por el grupo 1, y sus jugadores, alegres, hablaban en el vestuario de la histórica victoria que habían logrado.

Entonces, lo increíble pasó.

Mientras algunos de los jugadores argentinos ya habían comenzado a ducharse, les avisaron que debían retornar al campo de juego... ¡porque el referí, brasileño, Almeida Rego, se había equivocado pitando el final del partido seis minutos antes!

Secándose a las apuradas y con el pelo aún mojado, los albicelestes volvieron a pisar el césped, y junto con sus pares franceses completaron el tiempo reglamentario sin que el marcador final sufriera cambios.

En aquel tiempo, los árbitros todavía no mostraban tarjeta, pero de haber existido la roja, habría que habérsela sacado al propio referí. ¡Se la merecía después de un error semejante!

Eso sí, varios de aquellos futbolistas nunca más terminarían un partido tan pero tan limpitos.

¿SABÍAS QUÉ?

Luis Monti fue el argentino autor de aquel gol que, además de significar la victoria contra los franceses, pasó a la historia por ser el primer gol de Argentina en los Mundiales. También estuvo en la final de Italia 1934, ¡pero defendiendo los colores de la selección italiana! Sucedía que, por aquel entonces, Luis Monti, luego de jugar en Argentina, se convirtió en ciudadano italiano y pasó a jugar para los azurros.

DOBLE FUNCIÓN

Existen jugadores tan habilidosos como versátiles, y que, a lo largo de su carrera, pueden ocupar diferentes posiciones en el campo de juego. Uno de los más recordados es el mexicano Jorge Campos, que además de ser el arquero titular de la selección de su país, en los Mundiales de Estados Unidos 1994 y Francia 1998, cuando tenía ganas, jugaba de delantero. Pero el premio a la doble función mundialista más alucinante se lo lleva Ulises Saucedo, que fue director técnico y árbitro ¡en el mismo Mundial!

Sí, sí; aunque no lo puedan creer, este señor llegó a Uruguay 1930 como entrenador de la selección de Bolivia y como referí oficial del torneo. Sin lugar a dudas, le fue mucho mejor en su tarea arbitral, ya que mientras el seleccionado boliviano perdió por goleada los dos partidos que jugó, en el encuentro por el grupo 1 entre Argentina y México, Ulises Saucedo, ahora como referí, quedó en la historia al cobrar… ¡cinco penales! Nunca más un árbitro cobraría tantos penales en un mismo partido dentro de un Mundial.

¿SABÍAS QUÉ?

¡Uno de los asistentes arbitrales de Ulises Saucedo en aquel partido que terminaría Argentina 6 - México 3 era Constantin Rădulescu, quien en aquel primer Mundial también se desempeñaba como entrenador de la selección de Rumania!

¡NO ME PISEN LOS LENTES!

Leopold había mandado la pelota al fondo de la red ¡¡usando anteojos!!

El 27 de mayo de 1934, en la ciudad italiana de Milán, Suiza y Países Bajos se veían las caras. Para ambas selecciones se trataba del primer partido por una Copa del Mundo. Y las emociones no se hicieron esperar, porque a los siete minutos de comenzado el partido, el delantero suizo Leopold Kielholz abría el marcador. Y lo más increíble no pasaba por lo tempranero del gol o porque se tratara del primer gol de Suiza en los Mundiales, sino que Leopold había mandado la pelota al fondo de la red… ¡usando anteojos! Sí, este inolvidable futbolista, todo un mito en Suiza, jugaba con lentes por su miopía, cuando en aquel tiempo no había nada parecido a los modernos anteojos que hoy en día utilizan algunos deportistas. Y como no quería llevarlos en el bolsillo del pantaloncito y ponérselos para definir jugadas o patear tiros libres, Leopold jugaba todo el partido con los anteojos puestos. ¡Y lo bien que hacía! En aquel Mundial de Italia 1934, convirtió dos goles más, y en los locos festejos de las conquistas, no cuesta imaginárselo perdiendo las gafas y gritando: «¡No los pisen! ¡No me pisen los lentes!».

¿Y DÓNDE ESTÁ EL ARQUERO?

Cuba estaba feliz por el solo hecho de ser una de las quince selecciones participantes de Francia 1938. Y esa felicidad aumentó cuando en su debut contra Rumania, muy superior en los papeles, logró empatar 3 a 3, con alargue incluido.

La gran figura de aquel partido fue el arquero cubano Benito Carvajales, que con sus sensacionales tapadas había evitado por lo menos cinco goles de los rumanos.

Como tenía que haber un vencedor, a los cuatro días debió jugarse el desempate. Todos se quedaron mudos cuando la selección cubana salió al campo de juego ¡con su arquero suplente!

Pero... ¿se había vuelto loco el entrenador? Cuba había llegado a aquella revancha gracias a las manos milagrosas de Carvajales. ¿Dónde estaba el arquero ahora? ¿Se había descompuesto a último momento? ¿Tuvo que volver corriendo al hotel cuando descubrió que había dejado allí sus guantes? ¿Tenía prohibido jugar revanchas?

La verdadera respuesta era aún más insólita.

Sucedía que Benito Carvajales estaba presente en el partido... ¡pero como comentarista radial! Sí, una emisora cubana lo había contratado para la transmisión de aquel partido, y el guardameta había aceptado, por lo que le dejó su puesto a Juan Ayra, el segundo arquero. Y así y todo...

¡Cuba ganó 2 a 1 y pasó a los cuartos de final!

¿SABÍAS QUÉ?

El mundo de la radio pareció desconcentrar al gran Carvajales, porque para el partido contra Suecia por los cuartos de final de Francia 1938 volvió a ser el arquero titular... ¡pero le metieron ocho goles! Sí, Suecia eliminó a Cuba con un rotundo 8 a 0. Aunque ya a los cubanos nadie podía quitarles la felicidad de aquella primera y única participación en un Mundial.

UN GOL COMO EN LA PLAYA

El brasileño Leônidas da Silva fue el goleador del Mundial de Francia 1938 con siete tantos. Y uno de esos goles lo anotó de una manera única. Sucedió en uno de los partidos más sensacionales que dieron los Mundiales: Brasil – Polonia. La cancha estaba muy embarrada, y si bien el primer tiempo favoreció a los sudamericanos por 3 a 1, Polonia emparejó las cosas luego del descanso: los noventa minutos reglamentarios terminaron 4 a 4. Y como en aquel Mundial los partidos de la primera ronda clasificaban solo a un equipo para la siguiente fase, el partido tuvo alargue. Apenas comenzado el tiempo extra, ocurrió la jugada increíble. Leônidas avanzaba con pelota dominada hacia el área polaca y entonces su pie derecho se quedó trabado en el espeso barro. Pero al goleador brasileño no le importó, siguió con la jugada, remató al arco... y ¡goool!, ¡golazo de Brasil! Aunque había un pequeño detalle: ¡el botín del jugador había quedado atrapado en aquel charco! ¿Y el árbitro? ¿No debió anular el tanto? Claro, las reglas obligaban a los futbolistas a jugar con el uniforme completo. Pero lo que pasó fue que el referí no se dio cuenta de lo ocurrido: tanto los pies como las piernas de Leônidas estaban cubiertas completamente por el barro, disimulando la falta del botín derecho. Fue así que este *crack* brasileño se transformó en el primero y único en convertir, en toda la historia de los Mundiales… ¡un gol descalzo! El resultado final sería Brasil 6 – Polonia 5, con tres goles de Leônidas, uno de ellos marcado como si estuviera jugando un «picadito» en alguna playa de Río de Janeiro.

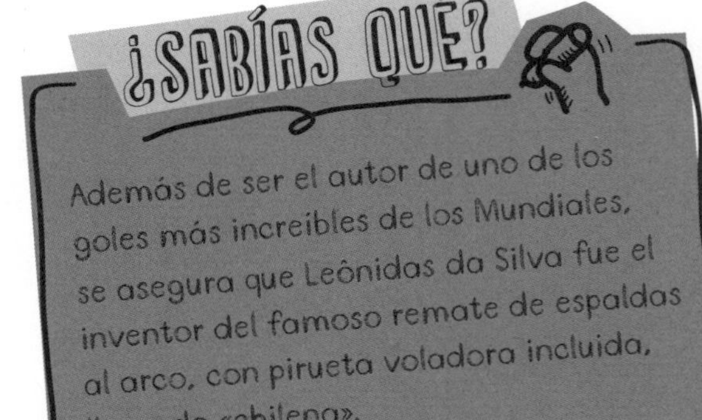

Y LA «10» LE TOCA A PELÉ

Es increíble cómo, a veces, las cosas más pequeñas terminan quedando en la historia. Fíjense si no lo que pasó en 1958, en el Mundial de Suecia.

Antes de debutar en aquella Copa del Mundo, la selección brasileña vio cómo su federación le enviaba el listado de titulares y suplentes a las autoridades del certamen y se olvidaron de un pequeño detalle… ¡los números de las camisetas de cada jugador! Ante esto, un miembro del Comité Organizador, el uruguayo Lorenzo Villizzio, decidió numerarlos al azar. De ahí que Brasil saliera a jugar contra Austria su primer partido por el grupo 4 con su arquero, Gilmar, luciendo insólitamente el número 3; y que la casaca con el 10 le tocara a un suplente, un jovencito de apenas 17 años llamado Edson Arantes do Nascimento, conocido simplemente como Pelé.

Luego, este muchachito pasaría a ser titular y a deslumbrar al mundo con sus goles. Y su camiseta con el número 10 pasaría a la eternidad, convirtiéndose en el número que llevan los más habilidosos, los *cracks* de un equipo.

¿Se pueden imaginar a Diego Maradona usando otro número que no sea el mítico 10? ¿O a Messi? Tanto ellos como el colombiano Valderrama, el francés Zidane, el sueco Ibrahimović y muchos otros genios del fútbol, le deben el número mágico que llevan en su espalda al apuro de aquel descuidado caballero uruguayo de soluciones rápidas e inolvidables.

EL DÍA QUE ARGENTINA... JUGÓ DE AMARILLO

En la localidad sueca de Malmö, Argentina se presentó a jugar su primer partido del Mundial de 1958 con su típica casaca blanca y celeste. Del otro lado estaba Alemania Federal, de camiseta blanca. Y como se decidió que las vestimentas eran demasiado parecidas, por lo claras, uno de los dos equipos debía usar su uniforme suplente. Algunos dicen que hubo sorteo, otros que Alemania se negó a cambiar su atuendo titular; la cuestión fue que la selección argentina debía ponerse la indumentaria alternativa. Perfecto… pero el problema era que no habían llevado ropa de repuesto. Sucedió entonces que salió al rescate el Idrottsföreningen Kamraterna Malmö… aunque para evitar mordidas de lengua, llamémoslo IFK Malmö, que no era otra cosa que uno de los clubes de aquella ciudad, el cual prestó sus uniformes para que se pudiera disputar el partido.

El IFK vestía de casaca completamente amarilla.

Y así fue que aquel 8 de junio de 1958, Argentina saltó al campo de juego… ¡vestida como Brasil, su clásico rival!

En ese recordado partido, Alemania venció 3 a 1, y si bien los argentinos se recuperaron frente a Irlanda del Norte y le ganaron también 3 a 1, quedó eliminada al sufrir su peor derrota en los Mundiales: Checoslovaquia 6 – Argentina 1... y no faltaron aquellos que hablaran de la mala suerte del color amarillo usado en el partido con Alemania. Razón suficiente para no vestir una camiseta semejante nunca más.

¿SABÍAS QUÉ?

Hay más casos en los que un seleccionado debió jugar un partido mundialista vistiendo las camisetas de algún club local. Uno de los más recordados sucedió en la primera fase de Argentina 1978, cuando Francia enfrentó a Hungría vistiendo la casaca verde y blanca a rayas verticales... ¡de Kimberley de Mar del Plata!

CAMPEÓN DE HONESTIDAD

La Unión Soviética y Uruguay se enfrentaban en lo que para ambos era el tercer y último partido en el grupo 1 del Mundial de Chile 1962. Las dos selecciones sabían que su continuidad en el torneo dependía de aquel resultado, y así comenzaron a demostrarlo en el campo de juego.

Los soviéticos se pusieron al frente en el final del primer tiempo, pero luego del descanso, los sudamericanos no tardaron en empatar.

A medida que avanzaba el segundo tiempo, los nervios se hacían más y más intensos en el estadio. Es que todos sabían que aquel equipo que consiguiera anotar un gol más, prácticamente tenía el pasaje asegurado a la siguiente fase.

Y entonces apareció Ígor Chislenko, sacó un lindo remate… y la pelota viajó al fondo de la red. ¡Gol de la Unión Soviética! Los fotógrafos saltaron al campo de juego para atrapar aquel instante: los jugadores soviéticos gritando el gol, detrás de ellos la silueta vencida, angustiada, del arquero uruguayo. Pero en la imagen había algo que no encajaba con aquel cuadro, algo extraño. Ígor Netto, compañero y tocayo de Chislenko, y capitán de la selección soviética, hablaba seriamente con el árbitro. ¿Qué le pasaba a aquel jugador que no estaba festejando con su equipo? Luego de unos instantes, la misteriosa conversación terminó, y el referí levantó la mano… ¡anulando el gol!

Sí, sí, aunque no lo crean, el gran Ígor Netto acababa de realizar una de las acciones más ejemplares en la historia de las Copas del Mundo: le advirtió al árbitro que en el remate de Chislenko la pelota había entrado al arco pero por la parte exterior de la red, a través de un agujero en la malla. Aquel gol no era válido.

Por lo tanto, el partido continuó 1 a 1. Hasta que Netto tuvo su premio a la honestidad. Cuando faltaba un minuto para el pitazo final, Valentín Ivanov marcó un gol absolutamente legítimo, y el 2 a 1 definitivo mandó a la selección soviética, y a su gran capitán, directo a la próxima ronda del Mundial.

LOS DE AFUERA SON DE PALO, ¡MENOS EL JEQUE!

El 21 de junio de 1982, en el Estadio José Zorrilla de Valladolid, se produjo uno de los hechos más insólitos, no solo de aquel Mundial de España, sino de toda la historia de la Copa del Mundo.

Cuando faltaban menos de diez minutos para que concluyera el encuentro entre las selecciones de Francia y Kuwait por el grupo 4, un nuevo ataque de los franceses, que ya ganaban por 3 a 1, terminó en un terrible remate al arco de Alain Giresse, que anotó así el cuarto tanto para los europeos. El árbitro señalaba el centro de la cancha… pero algo pasaba… algo sucedía en la tribuna, más precisamente en el palco. Allí, un espectador gritaba como un loco haciendo gestos con las manos. El enojado hincha resultó ser el jeque Fahad Al-Ahmed Al-Jaber Al-Sabah, hermano del emir de Kuwait, que pretendía que el equipo kuwaití abandonara la cancha. Y como vio que no le hacían caso, bajó, con túnica, turbante y todo, hasta el campo de juego… ¡y comenzó a discutir con el mismísimo árbitro!

4

Esa fue la increíble escena que se vivió durante varios minutos en el estadio. El público y los jugadores observaban estupefactos cómo el enfadado jeque le aseguraba al referí que en el instante previo al cuarto gol de Francia se había escuchado un fuerte pitido que confundió a sus jugadores.

Y entonces sucedió lo impensado. El jeque, un poco más tranquilo, volvió a su lugar, el árbitro caminó lentamente hasta el campo de juego… ¡y anuló el cuarto gol de Francia! ¡Fahad Al-Ahmed lo había convencido!

De todas maneras, la selección francesa ganó aquel partido por 4 a 1, ya que a un minuto del final, Maxime Bossis volvió a mandar la pelota al fondo de la red. Y esta vez no hubo jeque, ni emir, ni sultán que protestara.

¿SABÍAS QUÉ?

Myroslav Stupar, el árbitro ucraniano que anuló aquel gol francés luego de escuchar al jeque de Kuwait, fue sancionado por la FIFA y le prohibieron para siempre actuar en partidos internacionales.

¡SORPRESA!

Pak Doo-Ik y el mundo al revés

Italia ya estaba en los cuartos de final de Inglaterra 1966... bueno, en realidad todavía no, pero casi. Solo le restaba jugar su último partido por el grupo 4, y con un empate le bastaba para clasificar. Y encima, enfrente tenía a la débil y casi desconocida selección de Corea del Norte.

Era tanta la superioridad italiana que los mismos dirigentes coreanos habían sacado con anticipación los pasajes de regreso a su país.

Pero nada de eso le importó al jugador de Corea del Norte, Pak Doo-Ik. Y lo demostró al minuto 42 del primer tiempo, cuando le llegó una pelota cabeceada casi en la mitad de la cancha, se perfiló y sacó un sensacional remate que venció al arquero italiano.

¿SABÍAS QUÉ?

Algunos integrantes de la selección italiana llegaron a decir que habían perdido porque el entrenador coreano se aprovechó de lo parecidos que eran sus jugadores... ¡y había cambiado a casi todo el equipo en el entretiempo, sin que las autoridades se dieran cuenta!

¡EXPULSADO!

En el momento de la expulsión, el cronómetro marcaba tan solo... ¡cincuenta y seis segundos!

No tuvo tiempo ni para transpirar

El árbitro francés Joël Quiniou hizo sonar su silbato para que Uruguay y Escocia comenzaran con uno de los partidos que cerraría el grupo E, buscando un lugar en los octavos de final de México 1986.

Escocia intentó lanzar el primer ataque con un largo pelotazo que la defensa uruguaya despejó al lateral. Arthur Albiston sacó del costado, entregándole el balón a su compañero Gordon Strachan, quien terminó inmediatamente en el suelo al recibir un tremendo patadón del futbolista uruguayo José Batista.

Mientras el pobre escocés se revolcaba de dolor, el referí se acercó a Batista y, sin dudarlo un instante, le mostró la tarjeta roja. Lo más asombroso fue que en el momento de la expulsión, el cronómetro marcaba tan solo… ¡cincuenta y seis segundos!

¿SABÍAS QUÉ?

Otra expulsión récord fue la que sufrió el jugador boliviano Marco Etcheverry en el partido inaugural de Estados Unidos 1994, que su selección jugó contra Alemania. El futbolista reemplazó en el segundo tiempo a su compañero Luis Ramallo, y a los tres minutos de ingresar, vio la tarjeta roja. Si bien está lejos de la marca del uruguayo José Batista, Etcheverry se convirtió en el jugador sustituto expulsado más rápidamente en un Mundial.

¿DE QUÉ PAÍS VINISTE?

El 13 de junio de 2010 se enfrentaban los seleccionados de Serbia y Ghana por el grupo D del Mundial de Sudáfrica. Y apenas el árbitro pitó el comienzo, el partido se transformó en histórico. ¿Qué había sucedido? ¿Se trataba del pitazo inicial más agudo registrado? ¿Un elefante invadió el campo de juego? No, nada de eso.

La clave la tenía Dejan Stanković, el capitán serbio. Ocurría que con el simple hecho de que aquel encuentro se disputara, Stanković conseguía una marca muy, pero muy difícil de alcanzar.

Sin embargo, a primera vista, sus estadísticas en los Mundiales no arrojan nada extraordinario: en los nueve partidos que jugó no anotó ningún gol, no realizó ninguna jugada maravillosa... ¡ni siquiera lo expulsaron! ¿Entonces dónde se escondía su increíble récord? La cuestión era que en aquel enfrentamiento entre Serbia y Ghana, Dejan Stanković se convertía en el único futbolista en participar en tres Copas del Mundo... ¡representando a tres países diferentes!

¿SABÍAS QUÉ?

Si bien ser director técnico que representa distintos países en diferentes Mundiales es un poco más fácil, ya que no es requisito tener la misma nacionalidad de la selección que se dirige, un compatriota de Dejan Stanković, el serbio Bora Milutinovikć, es poseedor de una marca fabulosa... ¡dirigir cinco países diferentes en cinco Mundiales! Miren si no: dirigió a México en México 1986, a Costa Rica en Italia 1990, a Estados Unidos en Estados Unidos 1994, a Nigeria en Francia 1998 y a China en Corea-Japón 2002.

¿Cómo es posible que este futbolista, nacido en 1978 en la ciudad de Belgrado, consiga algo así? Fíjense bien: en Francia 1998 vistió la camiseta de Yugoslavia, nación que luego desapareció al dividirse en varios países. Una de estas nuevas naciones fue Serbia y Montenegro, bandera bajo la que jugó el mediocampista en Alemania 2006. Pero como luego también esta nación se separó, y quedó Serbia por un lado y Montenegro por el otro, en aquel partido histórico de junio de 2010, Stanković representó a Serbia, su tercer país en su tercer Mundial. ¡Inigualable!

VIEJOS SON LOS TRAPOS

El 25 de junio de 2018, la selección de Egipto salió al campo de juego para disputar su tercer partido por la fase de grupos del Mundial de Rusia. Todos sabían que con aquel encuentro «los faraones» se despedían del torneo, ya que a pesar de contar entre sus filas con el *crack* de Mohamed Salah, habían caído en sus primeros dos enfrentamientos: Uruguay les había ganado 1 a 0 y Rusia 3 a 1.

Aquel día, el rival fue Arabia Saudita, combinado que tampoco tenía chances de pasar de ronda, ya que también había sido derrotado en sus primeros dos partidos. O sea que todo indicaba que Egipto – Arabia Saudita se trataría de un partido casi innecesario, que solo debía jugarse para las estadísticas. Y sin embargo, Héctor Cúper, el entrenador argentino que dirigía a la escuadra egipcia, hizo que aquel cotejo quedara en la historia.

Cuando los equipos salieron al campo de juego, el arquero de Egipto no era Mohamed El-Shenawy, titular indiscutido, sino que el director técnico le había dado el buzo de guardameta a Essam El Hadary, el segundo arquero suplente del plantel, quien tenía… ¡45 años, 5 meses y 10 días de edad! Sí, el experimentado portero egipcio se convertía así en el jugador más longevo en disputar un partido de una Copa del Mundo. Y encima, para hacer más épico ese récord, en ese mismo encuentro… ¡atajó un penal!

¿SABÍAS QUÉ?

El jugador más longevo en convertir un gol en un Mundial sigue siendo el mítico camerunés Roger Milla, quien en Estados Unidos 1994, en la derrota por 6 a 1 de su selección ante Rusia, hizo el único tanto de su equipo… ¡a los 42 años, 1 mes y 8 días!

EL PEOR ANFITRIÓN... ¿O EL MEJOR?

Qatar, el país organizador de la Copa del Mundo 2022, parecía haber dado sobradas muestras de que, en contra de lo que decían muchos, su selección estaba a la altura de jugar un Mundial. Es que no solo había ganado, por primera vez, la Copa Asiática en 2019, sino que ese mismo año se animó a jugar la Copa América, donde si bien no pasó la fase de grupos, hizo un digno papel. Y como broche de oro de su preparación a la cita máxima del fútbol, en 2021 fue invitada a jugar la Copa de Oro de la Concacaf... ¡donde se adjudicó el tercer lugar!

Pero las expectativas comenzaron a derrumbarse muy pronto. Qatar se convirtió en la primera selección anfitriona en perder el partido inaugural de un Mundial. Ecuador lo derrotó 2 a 0... y ese sería el comienzo de la debacle. Luego, los organizadores caerían 3 a 1 frente a Senegal, y en la última fecha serían vencidos nuevamente 2 a 0 por Países Bajos.

Así, con tres derrotas en sus tres presentaciones, siete goles en contra y un solo gol a favor, el título que se llevaría Qatar sería el de peor anfitrión de la historia de los Mundiales... aunque, pensándolo bien, un buen anfitrión es aquel que hace sentir bien a sus invitados. Y ecuatorianos, senegaleses y neerlandeses, seguro que se sintieron muy a gusto cuando lo enfrentaron.

¿SABÍAS QUÉ?

Qatar es el país más pequeño en organizar una Copa del Mundo, con tan solo 11.586 km² de superficie. Todo su territorio entraría unas 26 veces en la provincia de Buenos Aires, Argentina.

GOLEADOR MUNDIAL

El 24 de noviembre de 2022, en el estadio 974 de Doha, se enfrentaban por la primera fecha del grupo H las selecciones de Portugal y Ghana. No pasaba mucho en el partido, más allá de algún tímido acercamiento por parte de ambas escuadras, hasta que durante el minuto 65, Cristiano Ronaldo se animó a luchar una pelota en el área rival y le convirtieron penal, con algo de polémica, es verdad, pero penal al fin.

Y sucedió que no se trató de cualquier penal. Ya que lo pateó el mismo Cristiano y cuando la pelota infló la red, un récord impresionante acababa de ser marcado: ¡el *crack* portugués se convertía en el único en anotar goles en cinco Mundiales diferentes!

En Alemania 2006 metió un gol, en Sudáfrica 2010 convirtió otro, en Brasil 2014 uno más, en Rusia 2018 consiguió anotar nada menos que cuatro tantos, y finalmente en Qatar 2022 transformó ese penal contra Ghana en una nueva conversión.

Ocho goles en cinco Mundiales. ¡Siu!, gritaría CR7.

¿SABÍAS QUÉ?

Cuando Cristiano Ronaldo le convierte de penal su primer gol mundialista en Alemania 2006, con tan solo 21 años, al arquero iraní Ebrahim Mirzapour, no vestía la camiseta con su tradicional número siete, sino que lucía en su casaca el diecisiete.

JUEZAS Y FIGURAS

El 1.° de diciembre de 2022, Alemania y Costa Rica jugaron un partidazo por la última fecha del grupo E en el Mundial de Qatar.

El encuentro será recordado por lo emocionante que resultó: los alemanes se pusieron 1 a 0 a los 10 minutos y parecían tener todo bajo control. Pero en el segundo tiempo «los ticos» reaccionaron y en una ráfaga dieron vuelta el resultado. Cuando todavía los hinchas costarricenses se abrazaban en las tribunas del estadio Al Bayt, Alemania empató el partido, y en los últimos minutos, con dos nuevos goles, estableció el resultado final. Fue 4 a 2 a favor de los europeos.

El *match* también quedará en la memoria de todos los futboleros, sobre todo de los alemanes, ya que a pesar de la goleada a favor, la selección germana quedó eliminada por segundo Mundial consecutivo en la primera ronda. Es que simultáneamente, en el estadio Khalifa, Japón daba la sorpresa y le ganaba a España 2 a 1, dejando al combinado alemán tercero en el grupo por diferencia de gol.

Sin embargo, el partido entre Alemania y Costa Rica pasará a la historia por otro hecho: por primera vez en los Mundiales, las acciones fueron dirigidas por una mujer. Sí, la francesa Stéphanie Frappart fue la árbitra que impartió justicia desde el minuto cero, redondeando una tarea impecable junto a sus dos juezas de línea: la brasileña Neuza Back y la mexicana Karen Díaz Medina. Las verdaderas figuras de la cancha fueron ellas.

¿SABÍAS QUÉ?

Antes de Qatar 2022, Stéphanie Frappart ya había dejado su marca en la historia del fútbol. En 2019 dirigió la final de la Supercopa de la UEFA entre Liverpool y Chelsea, y en 2020 se transformó en la primera mujer en arbitrar un partido de la Champions League masculina. Fue en Turín, en el duelo entre Juventus y Dinamo de Kiev.

OCTAVOS DE FINAL

¡A ganar o a volverse!

MÉXICO 86 Y LOS PRIMEROS OCTAVOS

La tijera más afilada

Si bien los Mundiales de Italia 1934 y Francia 1938 incluyeron una primera ronda con un formato similar a los llamados octavos de final (ocho enfrentamientos cuyos ganadores pasaban a la siguiente fase), la primera vez que los octavos existieron oficialmente fue en México 1986. Y nadie mejor que la selección anfitriona para jugar y ganar el primer partido válido por los octavos de final de una Copa del Mundo.

El equipo mexicano llegaba primero del grupo B y su rival, Bulgaria, lo hacía como tercero del grupo A. Los tricolores ganaron 2 a 0 y lo más destacado fue el primer gol de México.

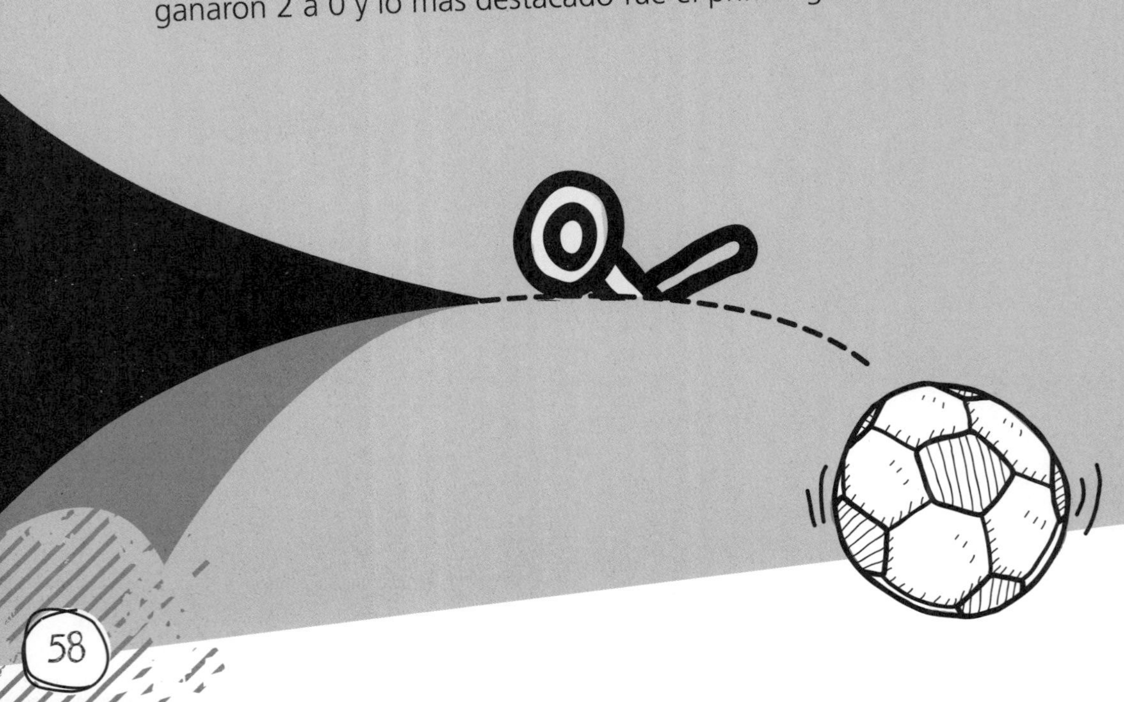

Corría el minuto 34 del primer tiempo, cuando entre los mexicanos Manuel Negrete y Javier Aguirre armaron una jugada que no se ve todos los días: una pared aérea. Se trata de una combinación entre dos jugadores, que incluye pase y devolución, sin que la pelota toque el piso. Y como broche de oro de semejante jugadón, Negrete se elevó en el aire, y así, flotando sobre el césped, conectó el balón con una «tijera» sensacional, y mandó la pelota al fondo de la red, a pesar de la estirada del arquero búlgaro.

Imposible encontrar una tijera más adecuada para cortar la cinta simbólica que dejaba inaugurados los emocionantes octavos de final de los Mundiales de fútbol.

¿SABÍAS QUÉ?

En México 1986, por la estructura del campeonato, incluso los mejores terceros superaban la fase de grupos. Así, tanto Bulgaria como Uruguay clasificaron para los octavos de final sin haber ganado ningún partido, tan solo con dos empates y una derrota, que en el caso de los uruguayos era un escandaloso 1 a 6 contra Dinamarca.

EL REY LEÓN VS. EL ESCORPIÓN

Nadie se acordaba de él... ¡salvo el presidente!

Si hay un africano que ha escrito su propia leyenda en la Copa del Mundo, ese es el camerunés Roger Milla. En España 1982, Roger había formado parte de aquel plantel que por primera vez representaba a Camerún en un Mundial; pero el torneo pasó sin pena ni gloria. Ocho años después, ya retirado de las canchas, nadie se acordaba de él… ¡salvo el presidente de Camerún! Sí,el primer mandatario del país africano llamó al exjugador y le pidió que formara parte de la selección que se había clasificado para Italia 1990. El presidente sabía que Milla ya había abandonado el fútbol, que tenía treinta y ocho años, y que no estaba en forma… pero no le importó. Así fue que Roger Milla volvió a ponerse los pantalones cortos y viajó a Italia como parte de «los leones indomables», como le decían a la selección de Camerún.

Y los leones rugieron bien fuerte: quedaron primeros en su grupo.

En los octavos de final los esperaba la sorprendente Colombia, con figuras como el Pibe Valderrama, Freddy Rincón y René Higuita, su acrobático arquero, quien había inventado el famoso «escorpión», una manera única de atajar donde lanzaba su cuerpo hacia adelante y, suspendido en el aire, rechazaba la pelota con la suela de sus botines, alzando los pies por encima de su espalda… ¡como un verdadero escorpión!

Se enfrentaban el famoso escorpión y el más experimentado de los leones.

En el minuto 106 del partido Milla hizo un gol. Y dos minutos más tarde, lo volvió a hacer. René Higuita, adelantado, quiso salir jugando, y el camerunés de treinta y ocho años lo fue a atorar. Se enfrentaban el famoso escorpión y el más experimentado de los leones. Y ganó el rey león. Roger Milla le robó la pelota a Higuita, encaró libre hacia el arco y definió mientras el arquero colombiano se arrojaba con sus piernas como aguijones, tratando de derribar al goleador. Ese jugador que había dejado el fútbol unos meses atrás, ese que entraba en los últimos minutos porque no estaba en forma para jugar todo el partido… ese jugador acababa de convertirse en una leyenda de los Mundiales, mandando a su equipo, por primera vez en la historia de una selección africana, a los cuartos de final de una Copa del Mundo.

¡PERFORÓ EL ARCO!

Algunos jugadores ponen el alma en la cancha y se llevan todo por delante con tal de marcar a un delantero peligroso o despejar un remate contrario. Y uno de los mejores ejemplos de esta pasión por alejar cualquier chance de gol ajena podemos encontrarlo en el futbolista mexicano Marcelino Bernal, quien en el partido que su selección disputó ante Bulgaria por los octavos de final de Estados Unidos 1994, y a causa de su esfuerzo por rechazar una pelota que amenazaba con meterse a la meta... ¡terminó rompiendo el arco!

Él mismo cayó dentro de su propio arco, con tanta mala suerte que rompió uno de los parantes que sostenían la red. Bernal quedó ahí, tendido en el piso, envuelto en los piolines del tejido. Luego de luchar unos minutos con la enmarañada red, consiguió liberarse, y entonces Alves Zague, un compañero suyo, quiso arreglar las cosas rapidito, reemplazando el parante roto ¡por el trípode de una cámara que estaba detrás de la valla!

Entonces, de pronto, se anunció una sustitución en el partido. ¿A qué jugador cambiarían? Tal vez se trataba de alguno que se había lesionado en aquella jugada.

Y así fue, salvo por el detalle de que el «lesionado» que se retiró del campo de juego... ¡fue el propio arco! Sí, ante el asombro de todo el estadio, los organizadores se llevaron la portería maltrecha e instalaron un arco nuevo.

¿SABÍAS QUÉ?

Aquel México-Bulgaria terminó, con alargue y todo, empatado 1 a 1. Y los tiros desde el punto de penal para definir al ganador se patearon en ese arco recién instalado. Los mexicanos no tuvieron suerte en los remates, y erraron tres de los cuatro penales que ejecutaron. La selección búlgara ganó aquella definición por 3 a 1 y pasó a los cuartos de final. Marcelino Bernal y sus compañeros estuvieron a punto de romper también aquel nuevo arco, pero, esta vez, de la bronca por quedar eliminados.

UNA PROMESA ES UNA PROMESA

Aquellos rubios rumanos

¿Qué pasó con los rumanos? ¿El entrenador quiere confundir al rival y eligió solo a jugadores rubios? ¿Comieron algo que les cambió el color del pelo?

Estas y otras preguntas similares fueron las que se hicieron los espectadores cuando la selección de Rumania salió a jugar contra Túnez el último partido del grupo G del Mundial de Francia 1998.

Es que de pronto, todos, absolutamente todos los jugadores rumanos… ¡eran rubios!

Todos los jugadores rumanos… ¡eran rubios!

Lo que ocurría con aquellos futbolistas era que habían hecho una promesa: si llegaban a los octavos de final se teñirían el pelo de amarillo. Y como gracias a los seis puntos cosechados hasta el momento ya estaban clasificados para esa fase, sin importar el resultado contra Túnez, cumplieron con lo prometido, y salieron a jugar con su nuevo *look* platinado.

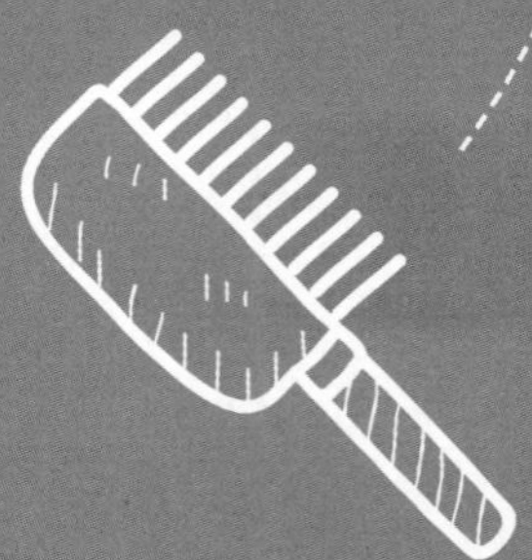

Algunos espectadores que aún no estaban avisados de la promesa rumana se sorprendieron al ver aquellas once cabelleras amarillas saliendo a enfrentar a la debutante Croacia por los octavos de final. Sin embargo, los que no se dejarían sorprender serían los croatas, quienes desplegaron un muy buen fútbol y les ganaron a sus rubios adversarios por 1 a 0, así, los dejaron afuera de Francia 1998.

El cuerpo técnico de Rumania tendría que haber leído bien el envase de la tintura. Es que seguramente, abajo de todo, en letras chiquitas decía: «El uso de este producto puede conllevar una importante baja en su rendimiento futbolístico».

¿SABÍAS QUÉ?

Otro que sorprendió en un Mundial a causa de su pelo fue el *crack* brasileño Ronaldo, quien en Corea-Japón 2002 se afeitó la cabeza pero se dejó un triángulo de pelo. ¿Quería imponer una nueva moda o era un apasionado de la geometría? Nada de eso, era para que su pequeño hijo, que miraba el torneo por televisión, dejara de confundirlo con su compañero Roberto Carlos.

CUARTOS DE FINAL

¡Vamos que estamos más cerca!

SIEMPRE SE PUEDE DAR VUELTA

Llegó el aluvión, la catarata, la tormenta de goles más impresionante.

Este partido increíble se disputó en 1954 por los cuartos de final del Mundial en Suiza.

A pesar de los 40 grados de temperatura que amenazaban con derretir las tribunas, el estadio estaba repleto. Es que los dueños de casa se jugaban un lugar en las semifinales, y ningún suizo quería quedarse afuera. Con la capacidad colmada, hubo espectadores que siguieron el partido casi adentro del campo de juego.

En frente estaba la selección de Austria, que había ganado sus dos partidos de la fase de grupos sin sufrir ningún gol. Sin embargo, y ante el delirio del público, cuando se cumplía el minuto 19 de juego… ¡Suiza ya ganaba 3 a 0!

Listo, asunto terminado, los suizos gritaban de alegría en el estadio, se sentían semifinalistas de la Copa del Mundo. Pero entonces, llegó el aluvión, la catarata, la tormenta de goles más impresionante de la que se tenga registro en los Mundiales de fútbol. Los austríacos se enojaron y, ante los ojos estupefactos de miles y miles de suizos, en tan solo nueve minutos, pusieron el partido Suiza 3… ¡Austria 5!

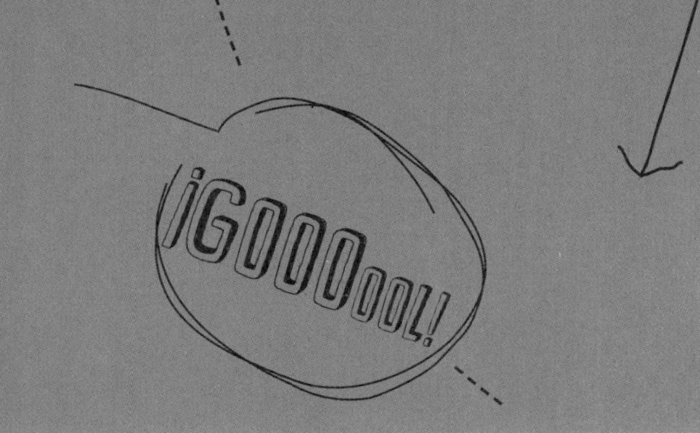

Sí, aunque no lo puedan creer, Austria metió cinco goles en nueve minutos.

La selección de Suiza, mareada después de semejante contundencia, recién pudo reaccionar cuando faltaban seis minutos para el descanso, descontando con un gran remate de Robert Ballaman, que ya había anotado el primer gol suizo.

Así terminaría aquel fabuloso primer tiempo, 5 a 4 a favor de los austríacos. Nueve goles y todavía faltaban cuarenta y cinco minutos más.

Cuando llegaron a la mitad del segundo tiempo, ya había un gol más por cada bando. Austria ganaba ahora 6 a 5. Y Suiza buscó el empate, y lo buscó, y lo buscó.

Cuando faltaban catorce minutos para el final, el austríaco Erich Probst volvió a mandar la pelota al fondo del arco, y así se evaporaron las últimas esperanzas suizas.

El resultado final: Austria 7 – Suiza 5, que hasta el día de hoy sigue siendo el partido con más goles en la historia de los Mundiales.

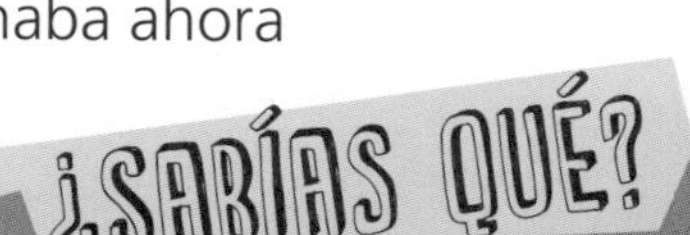

En dos ocasiones, Hungría estuvo a un paso de protagonizar un encuentro que igualara el récord del Austria - Suiza de 1954. La primera fue en aquel mismo Mundial, cuando le ganó a Alemania Federal 8 a 3. Y la segunda fue en España 1982, cuando demolió a la selección de El Salvador 10 a 1. En ambos partidos se convirtieron once goles en total, uno menos que aquel inolvidable encuentro entre austríacos y suizos. De todas maneras, con aquel 10 a 1 ante los centroamericanos, Hungría consiguió la goleada más abultada registrada en una Copa del Mundo.

SI NO FUERA POR EUSEBIO...

La selección de Corea del Norte llegaba a los cuartos de final de Inglaterra 1966 luego de dejar a todos mudos al eliminar a la poderosa Italia por 1 a 0. Sin embargo, muchos pensaban que ese increíble resultado tenía mucho de casualidad y que los coreanos no podrían repetir lo mismo contra Portugal. Es que, además, la selección portuguesa se había mostrado como una de las mejores del torneo al ganar su grupo con un puntaje ideal, venciendo, en sus tres partidos, a nada menos que Hungría, Bulgaria y Brasil. Corea del Norte se presentaba casi como un trámite para los portugueses.

Pero los coreanos volvieron a demostrar que no había que tomárselos en broma.

Ante el asombro de la multitud que llenó el estadio, aquellos atrevidos jugadores comenzaron a convertir, y a convertir, y a convertir. Ya no se conformaban con hacer un gol y defenderse, no, ¡ahora querían golear!

Los impronunciables nombres de Pak Seung Zin, Li Dong Woon y Yang Seung Kook sonaron en todo el estadio como los autores de los tres primeros goles del partido. Sí, la menospreciada Corea del Norte estaba haciéndolo otra vez, doblegaba al favorito, pero ahora lo hacía por un categórico 3 a 0. ¡Y solamente habían transcurrido veinticinco minutos de partido!

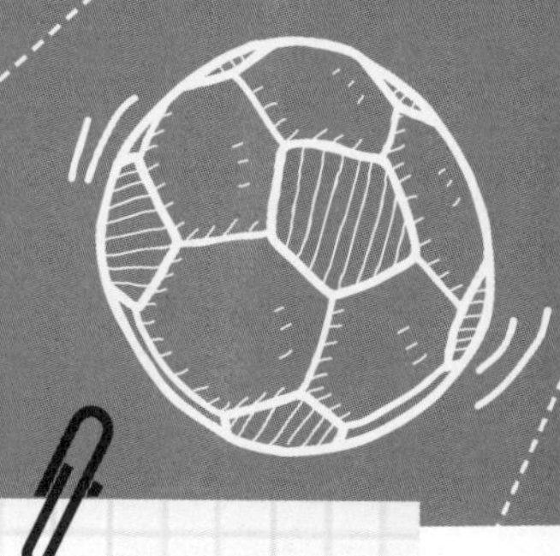

Eusebio se despertó, y fue demasiado para los coreanos.

Quizá, si no hubiera sido por aquel jugador único llamado Eusebio, la estrella de Portugal, Corea del Norte hubiera roto todos los récords de fútbol, clasificándose para las semifinales de aquella Copa del Mundo.

Pero Eusebio se despertó, y fue demasiado para los coreanos. Él solo, prácticamente, dio vuelta el partido, convirtió cuatro goles, uno atrás de otro, y lanzó el tiro de esquina que cerraría el partido con un sensacional 5 a 3 a favor de los portugueses.

Aquel día en el que la selección de Corea del Norte era eliminada del Mundial, pero nunca de la memoria de los amantes del fútbol, el equipo de Portugal debería haberse llamado «Deportivo Eusebio»,¿no?

¿SABÍAS QUÉ?

A pesar de sus cuatro tantos a Corea del Norte, Eusebio no es el jugador que convirtió más goles en un solo partido Mundialista. Ese récord lo tiene el ruso Oleg Salenko, que en el Mundial de 1994 mandó la pelota al fondo de la red cinco veces, durante el encuentro que su selección le ganó a la de Camerún por 6 a 1.

EL PENAL ERRADO QUE FUE GOL

En el partido entre Brasil y Francia por los cuartos de final de México 1986, un tiro desde los doce pasos fue errado… pero fue gol.

Brasileños y franceses habían regalado, con tiempo extra incluido, un partidazo, de los más recordados en la historia de los Mundiales. Y no habían terminado. El 1 a 1 final los obligaba a continuar con las emociones en la definición por penales.

Cuando el jugador francés Bruno Bellone se disponía a patear su penal, la definición estaba 2 a 2, pero Brasil ya había errado un disparo. Bellone patea a la izquierda del arquero brasileño… y la pelota da en el poste. Francia había errado su primer penal. Entonces, sucede lo increíble: el balón, después de estrellarse en el palo, rebota en la cabeza del guardameta, que se había arrojado hacia ese costado… ¡y se mete en el arco!

La pelota da en el palo, rebota en la cabeza del arquero y… ¡goool!

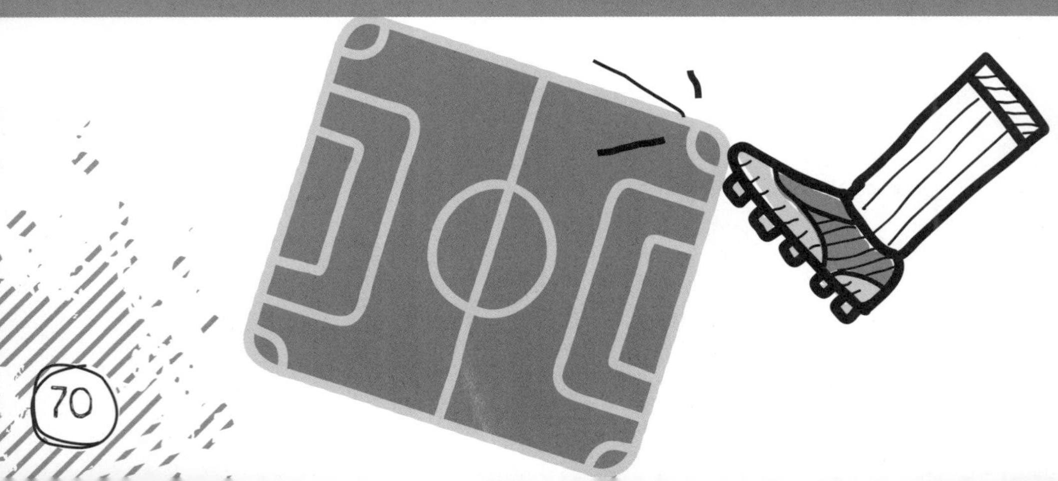

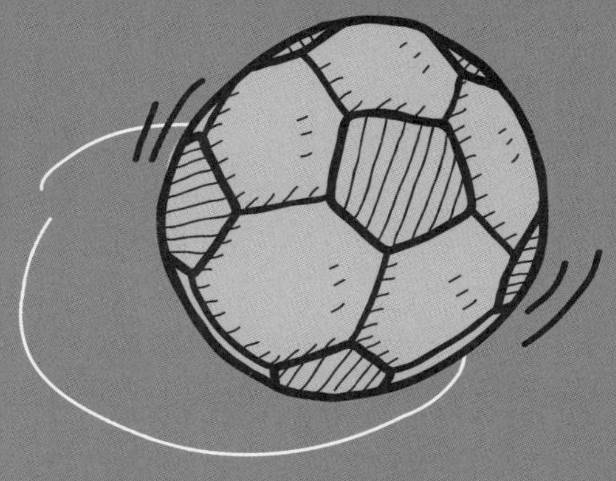

Los jugadores franceses no sabían si festejar o gritar de bronca. ¿Qué debían hacer ante semejante penal? Todo se resolvió cuando el árbitro rumano Ioan Igna convalidó el gol, y mientras Bellone se abrazaba con sus compañeros, los jugadores brasileños protestaban. Pero el referí no se inmutó. Y el gol valió.

La definición se siguió desarrollando, y Francia terminó ganando 4 a 3. Gracias a aquel loco penal de Bellone, los franceses se clasificaban a las semifinales del Campeonato del Mundo.

Pero el referí no se inmutó. Y el gol valió.

¿SABÍAS QUÉ?

A partir de este hecho, se modificó el reglamento de fútbol y quedó establecido que se cobrará gol en un penal aunque, antes de entrar en el arco, la pelota haya tocado uno o ambos postes, el travesaño o al propio arquero, o cualquier combinación de estos. Eso sí, la jugada quedará anulada cuando el involucrado sea algún otro objeto o criatura. O sea que, si el balón rebota en una piedra, en un botín olvidado por un jugador o en un oso polar que justo pasaba por el lugar y después entra en la meta… el gol no vale.

URUGUAY JUEGA...
¡CON DOS ARQUEROS!

El partido de Uruguay y Ghana por los cuartos de final de Sudáfrica 2010 fue como esas películas que dejan lo mejor para el final, en las que en los últimos instantes pasa de todo, en donde el héroe parece derrotado, vencido, y de pronto consigue salvarse de lo peor para después triunfar.

Estamos en el último minuto del tiempo extra. Uruguayos y ghaneses siguen 1 a 1, tal cual terminaran los noventa minutos reglamentarios. El olor a definición por penales llena cada rincón del estadio. Solo queda un tiro libre a favor de los africanos y luego se escuchará el pitazo final. La pelota surca el aire y cae peligrosamente en el área. Fernando Muslera, el arquero uruguayo, sale mal y... ¡el balón les queda servido a los jugadores de Ghana para empujarla a la red! El primer disparo no tiene éxito, pero el segundo va derecho al arco.

Aunque el arquero la salva. ¡Esperen, hay algo que está mal! El que evitó el gol de Ghana viste la camiseta celeste de Uruguay. El que se mandó esa atajada salvadora fue... ¡Luis Suárez! Sí, el delantero vio que su guardameta había sido superado y que la pelota se metía en el arco, y no tuvo mejor idea que usar sus manos para evitar aquella conquista que los hubiera sacado del Mundial.

Sin embargo, las consecuencias de aquella salvada eran claras: tarjeta roja para Suárez y penal para Ghana. Si los africanos anotaban aquel disparo desde los doce pasos, clasificarían a las semifinales de todas maneras.

Expulsado, Luis Suárez dejaba el campo de juego llorando por la segura eliminación de su equipo. Aun así, se animó a detenerse un momento para observar qué ocurría con la ejecución de la pena máxima. Y entonces pasó de la angustia a la euforia, de la tristeza a la felicidad… ¡porque Asamoah Gyan, que ya llevaba dos penales convertidos en el certamen, estrellaba su tiro en el travesaño! Finalmente, su loca atajada conseguía darle una nueva oportunidad a su selección.

El árbitro indicó que la prórroga se había terminado y que el ganador debería salir de la definición desde el punto penal. Y así fue que, cuando todo parecía estar perdido, Uruguay tuvo su final feliz.

¿SABÍAS QUÉ?

El primero en realizar una atajada salvadora en un Mundial sin ser arquero no fue el uruguayo Suárez, sino Mario Alberto Kempes, el *crack* argentino. Esto sucedió en el partido que Argentina y Polonia disputaron por la segunda ronda del Mundial de 1978. Cuando los argentinos ganaban 1 a 0, un polaco cabeceó al arco con el guardameta argentino, Ubaldo Matildo Fillol, totalmente vencido. Pero quien no estaba vencido era el delantero y goleador Kempes, que, con una volada espectacular, despejó el balón de un manotazo. El penal para Polonia lo tiraría Kazimierz Deyna... ¡y Fillol lo atajaría! Luego Argentina ganaría 2 a 0, demostrando que es bueno tener a un delantero que, además de hacer goles, sepa atajar.

BARRILETE CÓSMICO

¡BARRILETE CÓOOSMICO!

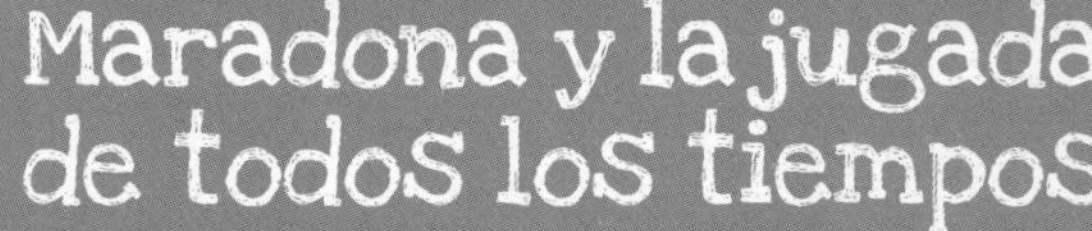

Maradona y la jugada de todos los tiempos

Durante el Mundial de Corea-Japón 2002, la FIFA decidió elegir el mejor gol en la historia de la Copa del Mundo, y para eso convocó a miles de aficionados a que dejaran su voto en su sitio web. El ganador fue el segundo gol que la selección argentina le convirtió a su par de Inglaterra en los cuartos de final de México 1986. Y el artista que trazó aquella obra maestra fue nada más y nada menos que Diego Armando Maradona.

El mejor gol en la historia de la Copa del Mundo.

Aquel 22 de junio en el Estadio Azteca, cuando corría el décimo minuto del segundo tiempo y Argentina ganaba 1 a 0, Maradona tomó la pelota en el círculo central y con un único y genial movimiento, casi un paso de baile, esquivó en una baldosa a dos rivales, a dos «Peters»: Peter Beardsley y Peter Reid. Luego adelantó la pelota y comenzó su carrera imparable. Llegó el turno de los «Terrys»: Terry Butcher fue el tercer jugador inglés que dejó en el camino, y Terry Fenwick, el cuarto. Cuando el *crack* argentino entró al área grande, tanto el tercer Peter, que era el arquero Peter Shilton, como el defensor Gary Stevens, se le acercaron peligrosamente. Pero Maradona los evadió. Dio cuarenta y cuatro pasos y doce toques con la zurda. Y luego, como en el final de una película donde el muchacho besa a la muchacha, el Diego acarició la pelota. Y la mandó al fondo del arco.

¿Gol? ¿Golazo? No, eso no alcanza. Fue «la jugada de todos los tiempos» y Maradona «un barrilete cósmico», como lo definió un relator emocionado. El segundo gol de Maradona a los ingleses fue una hazaña increíble por la importancia del partido, por el rival, por ser un Mundial; por todo eso y por la gesta, por esquivar a tantos jugadores y por hacerlo con tanta belleza, por la perfección en los movimientos. Por hacer posible lo imposible.

Gary Lineker, el delantero inglés que terminaría siendo el goleador de aquel Mundial, dijo con respecto a aquel gol de Maradona: «Fue la primera vez en mi carrera que pensé en pararme en el medio de la cancha y aplaudir un gol del otro equipo».

¿SABÍAS QUÉ?

La votación que consagró como mejor gol de los Mundiales al segundo tanto de Maradona a Inglaterra en México 1986 dejó en cuarto lugar... ¡a otra genialidad de Maradona, y en el mismo Mundial! Para los aficionados de todo el mundo, el cuarto mejor gol de los Mundiales fue el segundo que el jugador argentino le hizo a Bélgica, superando esta vez a cuatro defensores y definiendo magistralmente sobre la salida del arquero. Esa tarde Argentina le ganaba a Bélgica por 2 a 0 con dos golazos de Maradona, y clasificaba para jugar la final frente a Alemania Federal.

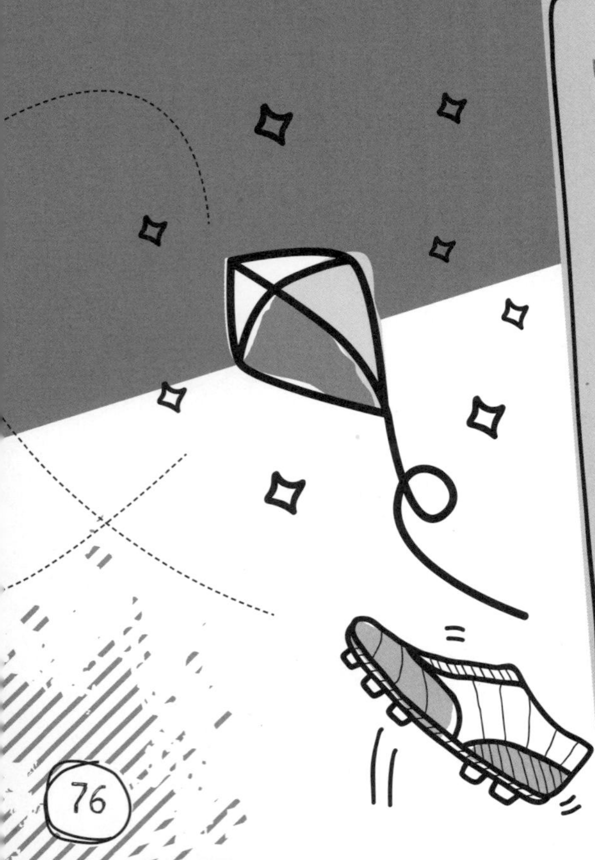

SALTO A LA HISTORIA

A pesar de que ambos habían ganado su grupo, Portugal llegaba como favorito indiscutido al duelo frente a Marruecos por los cuartos de final de Qatar 2022. Es que los europeos venían de demoler a un seleccionado siempre difícil como el suizo por 6 a 1, mientras que los africanos, la gran sorpresa del Mundial, habían superado los octavos de final al ganarle por penales a España, luego de un empate sin goles. Además, los lusos contaban con todas sus estrellas, incluido Cristiano Ronaldo en el banco de suplentes, por si se les complicaban las cosas.

¡Y vaya si se les complicaron!

Cuando quedaban pocos minutos para terminar el primer tiempo, el cual había resultado bastante parejo y sin muchas emociones, un centro cayó en el área portuguesa y un marroquí saltó tan alto que no solo le ganó al defensor que lo marcaba, sino que superó al arquero con los brazos extendidos. Ese marroquí fue Youssef En-Nesyri, y gracias a su salto espectacular, consiguió cabecear el balón, que luego de picar con fuerza en el suelo, se metió en el arco, para poner el 1 a 0 a favor de los africanos.

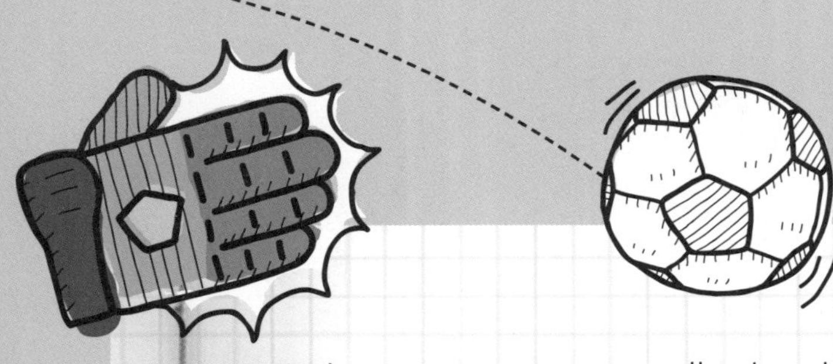

Todos pensaron que aquella victoria era transitoria, que Portugal pondría las cosas en su lugar… pero el arquero marroquí Yassine Bounou, otra de las figuras del match, les negó la igualdad a los europeos, una y otra vez. Ni siquiera Cristiano, ingresado en el segundo tiempo, pudo vencer al guardameta.

Cuando el árbitro argentino Facundo Tello marcó el final del partido, la selección de Marruecos había hecho historia: acababa de convertirse en el primer país africano en clasificarse a las semifinales de un Mundial.

Luego de aquella jornada histórica, la escuadra marroquí perdió en la semifinal contra Francia por 0-2, lo que hizo que tuviera que jugar el partido por el tercer puesto. Y como en dicho encuentro volvió a perder, esta vez por 1-2, ante Croacia, terminó consiguiendo el cuarto lugar en Qatar 2022… aunque para los marroquíes haya sido como haber ganado la Copa del Mundo.

¿SABÍAS QUÉ?

El primer partido que Marruecos ganó en un Mundial fue en México 1986, cuando por la última fecha de la fase de grupos derrotó 3 a 1… ¡justamente a Portugal!

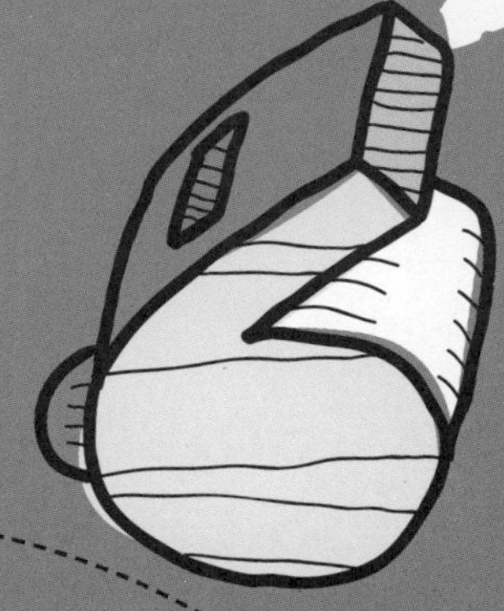

SEMIFINAL

¡Ya estamos entre los cuatro mejores!

CUESTE LO QUE CUESTE

Sosteniendo la victoria... ¡y los pantalones!

Italia, defensora del título, se enfrentaba a Brasil por las semifinales de Francia 1938. A los quince minutos del segundo tiempo, los europeos se encuentran con una gran oportunidad para ampliar el 1 a 0 parcial: el árbitro les concede un penal y Giuseppe Meazza pide la pelota. Muchos se sorprenden por la extraña postura que toma el jugador italiano para ejecutar el disparo. Se para medio inclinado, y parece no querer sacar la mano del costado de su pantaloncito, como agarrándolo. Lo que sucedía era que el elástico de la prenda se le había aflojado durante un forcejeo en una jugada previa… ¡y si no la sostenía, corría el riesgo de quedar en ropa interior!

Así ejecutó aquel penal el gran Giuseppe Meazza, sujetándose con una mano los pantalones cortos para que no se le cayeran. Y eso no le impidió mandar la pelota al fondo del arco. ¡Golazo!

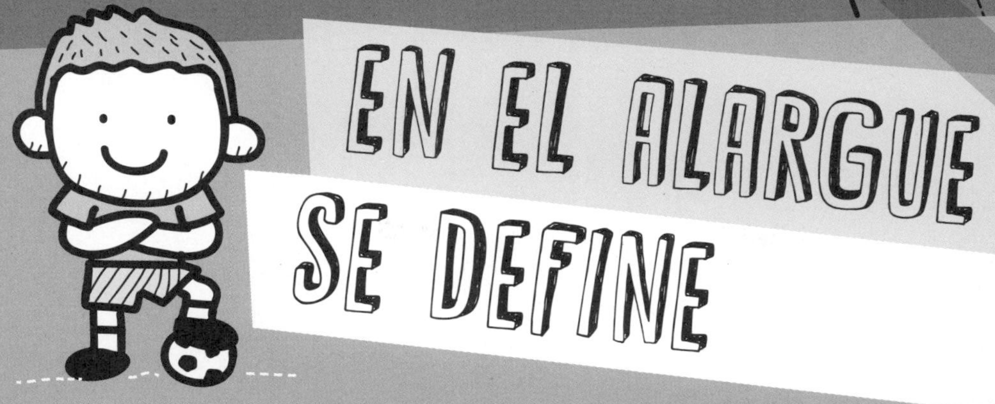

El partido del Siglo

Así define una placa conmemorativa, colocada en el Estadio Azteca de México, al inolvidable partido que disputaron allí las selecciones de Italia y Alemania Federal por las semifinales del Mundial de 1970. Y la verdad es que la existencia de aquella placa no se debe tanto a los noventa minutos reglamentarios, sino a los dos tiempos de alargue que debieron jugarse. Fue, para muchos, la mejor prórroga en la historia de los Mundiales.

Luego del 1 a 1 conseguido por los alemanes en el minuto final, ambas selecciones comenzaron a jugar el tiempo extra bajo un calor abrasador. Pasaron tan solo cuatro minutos, y Müller puso las cosas 2 a 1 para Alemania. Los italianos no lo podían creer, habían estado a segundos de ganar el partido por 1 a 0, y ahora la clasificación a la final parecía alejarse. Pero antes de que terminara aquel primer tiempo suplementario, Italia no solo lo empataría, sino que lo volvería a dar vuelta con un gol de Burgnich al minuto 98 de juego y otro de Riva seis minutos después.

¡Habían estado a segundos de ganar el partido!

3 a 2 para los italianos y todavía quedaba por jugar la última parte de la prórroga.

Al minuto 110 Müller igualaba las cosas otra vez para Alemania, haciendo que los espectadores se sintieran asfixiados tanto por el calor como por las emociones.

Y entonces Italia golpeó de nuevo. Esta vez sería la definitiva. Un minuto después del empate alemán, Rivera mandó la pelota al fondo de la red y llevó el resultado a un sensacional Italia 4 - Alemania 3... ¡con cinco goles convertidos durante el tiempo suplementario! Ambos se habían guardado un torbellino de goles para el tiempo suplementario, y consiguieron un récord que hasta el día de hoy parece inalcanzable.

¿SABÍAS QUÉ?

El tremendo esfuerzo realizado y las altas temperaturas soportadas durante aquel partido hicieron que los italianos no llegaran bien al último encuentro del certamen. Debido a eso y a un muchacho llamado Pelé, perderían la final por un categórico 4 a 1 ante Brasil.

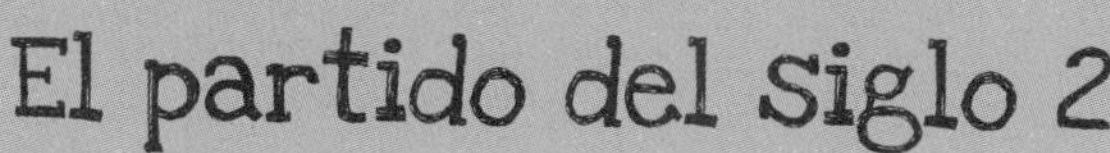

El partido del Siglo 2

Sin placa conmemorativa, pero con un lugar privilegiado en la memoria de muchos futboleros, existió otro tiempo suplementario para el infarto. Se jugó en la Copa del Mundo de España 1982, y volvió a formar parte de una de las semifinales del certamen, con los alemanes otra vez como protagonistas, ahora enfrentando a Francia. El partido, al igual que aquel de 1970, terminó 1 a 1 dentro del tiempo reglamentario, y la prórroga, otra vez, sería de locos. Francia, gracias a los goles de Tresor y Giresse a los 92 y 98 minutos de juego respectivamente, se colocaba 3 a 1, y parecía todo sentenciado...

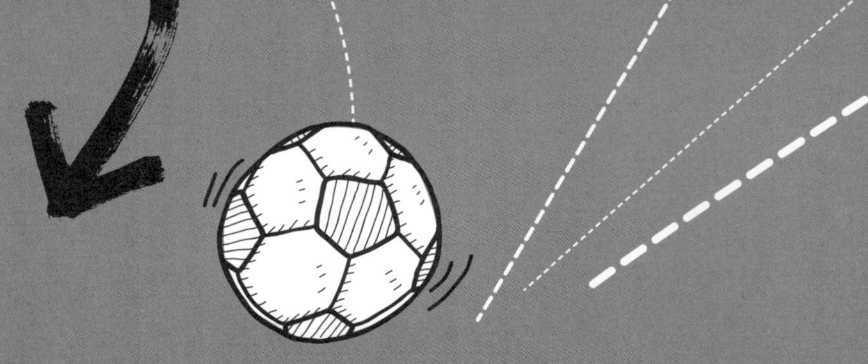

Pero Alemania, ante el desconcierto de los franceses y todos los espectadores, descontaría al minuto 102 a través de Rummenigge y empataría 3 a 3 al minuto 108 con un tanto de Fischer. Cuatro goles durante el tiempo extra. A uno del récord marcado doce años atrás. Esta vez los alemanes serían los clasificados a la gran final, luego de vencer 5 a 4 en la definición desde el punto de penal.

«Tardé mucho tiempo en ver el partido en video —confesó años después Michel Platini, *crack* francés y uno de los jugadores de aquel fabuloso encuentro—. Y cuando lo vi, me quedé en el 3 a 1. Todavía estoy esperando jugar la final...».

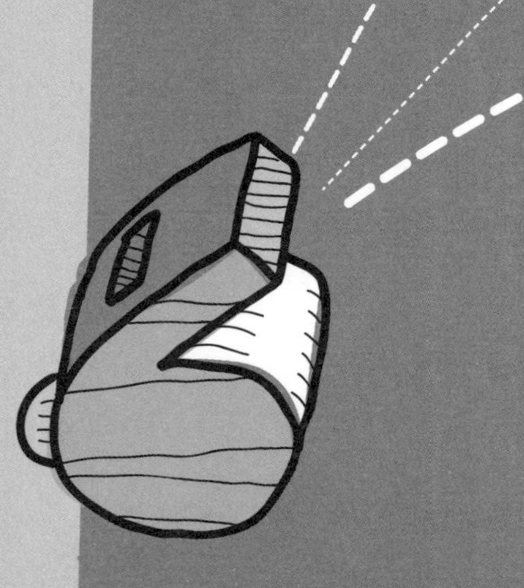

¿SABÍAS QUÉ?

En la final de España 1982, a los alemanes los esperaba nada más y nada menos que... ¡Italia! Sí, otra vez los mismos rivales del partido del siglo. Y los italianos volverían a ganar, pero esta vez, 3 a 1 y sin tiempo suplementario.

GOLES MELLIZOS

En Argentina 1978 no hubo semifinales propiamente dichas, pero si consideramos una semifinal como el partido que decide si una selección jugará la final o no, podemos decir que los encuentros que formaron parte de la segunda ronda de aquel Mundial fueron, cada uno, una semifinal en sí.

En el segundo de aquellos partidos, Países Bajos se enfrentaba a la poderosa Alemania Federal. Y a falta de seis minutos para la culminación del partido, los de camiseta naranja veían complicada su clasificación, ya que los alemanes los derrotaban por 2 a 1. Entonces el neerlandés René Van de Kerkhof entró al área contraria, eliminó a un rival y sacó un tiro con una comba maravillosa que superó al arquero y a otro alemán que se tiraba con el brazo extendido para sacar la pelota como fuera.

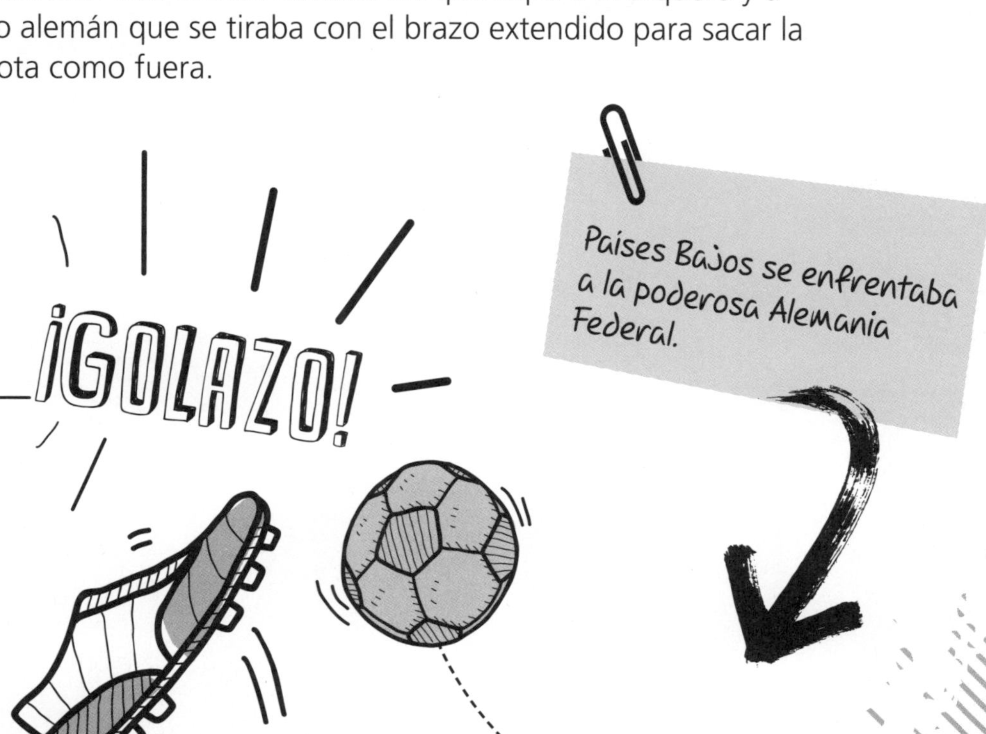

Con este gol, Países Bajos no solo lograba empatar un partido clave para llegar a la final, sino que conseguía una marca única. ¿Cuál era ese récord tan especial? Resulta que en el partido anterior, donde Países Bajos le había ganado 5 a 1 a Austria, el quinto gol neerlandés lo había marcado Willy van de Kerkhof... ¡el hermano mellizo de René!

Así, Willy y René van de Kerkhof se transformaron en los primeros y únicos hermanos mellizos en anotar goles en una Copa del Mundo.

¿SABÍAS QUÉ?

Otros hermanos que quedaron en la historia de los Mundiales fueron Wilson, Johnny y Jerry Palacios. ¡Los tres integraron la selección de Honduras que jugó en Sudáfrica 2010 y así se transformaron en el primero y, hasta ahora, único trío de hermanos en jugar un Mundial!

GOYCO
EXPERTO EN PENALES

Sergio Goycochea tenía que volver a atajar el penal, ¡y lo atajó!

Diego Armando Maradona acababa de ejecutar su disparo en la definición por penales entre Italia –el anfitrión de aquel Mundial de 1990– y Argentina. Ambas selecciones habían cerrado un infartante 1 a 1, con tiempo suplementario incluido, en una de las semifinales de la Copa del Mundo.

Sergio Goycochea, el arquero argentino que había llegado como suplente al torneo y que luego había tenido que reemplazar al lesionado Nery Pumpido en el segundo partido de la fase de grupos, se enfrentaba a Aldo Serena. El guardameta había contenido ya el penal anterior, y si atajaba este disparo, la selección argentina sería finalista del certamen por segunda vez consecutiva.

¡Y lo atajó!

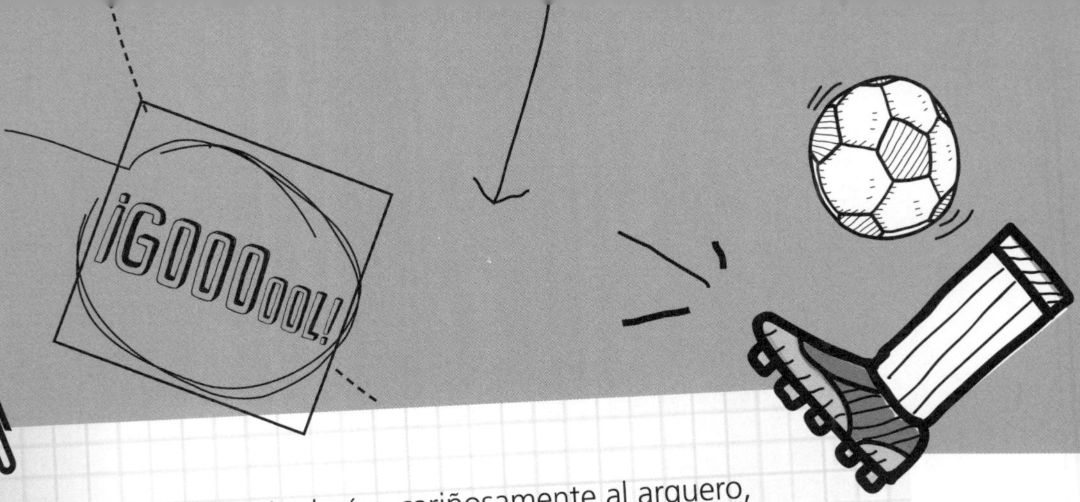

El *Goyco*, como le decían cariñosamente al arquero, se había vestido de héroe por segunda vez en aquel Mundial, porque en el partido anterior contra Yugoslavia por los cuartos de final, también había atajado dos penales.

Ahora, gracias a aquel tiro detenido a Serena, dejaba sin trofeo a los dueños de casa, mandaba a su selección a la final y, además, se hacía un lugar en la historia grande con aquella sensacional marca de cuatro penales atajados, y todos en un mismo Mundial.

Brasil 2014 tuvo otro experto en penales. Por los cuartos de final, Países Bajos y Costa Rica igualaron, con alargue y todo, 0 a 0. Pero justo antes de que el árbitro indicara que el tiempo suplementario había terminado, van Gaal, el técnico neerlandés... ¡cambió a su arquero! Sí, sacó a Jasper Cillessen, el guardameta titular, e hizo ingresar a Tim Krul, con la excusa de que el arquero suplente era especialista en atajar penales. Y al parecer tenía razón, porque Tim «manos de tenaza» Krul contuvo dos de las ejecuciones de los costarricenses y mandó a Países Bajos a la semifinal.

UN CARNAVAL DE GOLES

En la tierra del carnaval, la lección de baile la dio Alemania.

Brasil, en 2014, había organizado uno de los Mundiales más coloridos y alegres de la historia. Y encima la selección dueña de casa llegaba a la semifinal del campeonato con toda la ilusión de alzarse con la Copa del Mundo. Enfrente estaba la siempre poderosa Alemania, que prometía un partido fascinante, por lo peleado que resultaría, por las idas y vueltas que seguramente tendría. Y el partido no solo fue asombroso, sino que quedó grabado para siempre en la historia de los Mundiales... pero no justamente por lo disputado o por lo parejo. Nada de eso. En la tierra del carnaval, la lección de baile la dio Alemania.

Los miles de brasileños que habían colmado las gigantescas tribunas, que cantaban y cantaban por su equipo, se fueron callando a medida que los alemanes mandaban una y otra vez la pelota al fondo del arco. Cuando solo se habían jugado 30 minutos del primer tiempo, el estadio Mineirão se quedó mudo. Es que el tanteador ya marcaba... ¡Brasil 0 – Alemania 5!

El milagro que algunos esperaban para el segundo tiempo no sucedió. Alemania siguió con su propio carnaval futbolístico y metió dos goles más. Brasil solo pudo anotar el «gol del honor» en el último minuto del partido. Los favoritos para quedarse con el máximo trofeo habían perdido ¡7 a 1! Nadie lo podía creer.

¿Podía existir algo peor que el recordado «Maracanazo»? Parece que sí. Para una buena cantidad de brasileños, la goleada alemana en la semifinal del Mundial 2014 fue más humillante aún que la derrota ante Uruguay en 1950.

Por eso, muchos bautizaron aquel partido de pesadilla como el «Mineirazo».

¿SABÍAS QUÉ?

Aquel Brasil 1 - Alemania 7, no solo fue la peor derrota jamás registrada de la selección brasileña, sino que además se convirtió en uno de los cotejos donde más récords mundialistas se batieron:

- El segundo gol alemán lo marcó Miroslav Klose, y se transformó en el máximo goleador de los Mundiales, con 16 tantos, desplazando, irónicamente, al brasileño Ronaldo, que había llegado a los 15 goles.
- El segundo, el tercero, el cuarto y el quinto gol de Alemania fueron marcados en tan solo 6 minutos, y así se convirtieron en los cuatro goles consecutivos más rápidos en la historia de los Mundiales.
- El jugador alemán Toni Kroos marcó el tercer y el cuarto gol de su selección... ¡en tan solo 69 segundos! Es el doblete más rápido registrado en cualquier Mundial.
- Brasil se transformó en el anfitrión de un Mundial derrotado por el marcador más amplio.
- Fue la semifinal con más goles en la historia de los Mundiales.
- El «Mineirazo» se convirtió en el acontecimiento deportivo más tuiteado, con un total de 35,6 millones de tuits enviados a través de la red social Twitter.

FINAL

¡La Copa del Mundo ya casi es nuestra!

UN PROBLEMA REDONDO

Yo traje mi pelota

El 30 de julio de 1930, Uruguay y Argentina fueron los protagonistas de la primera final en la historia de los Mundiales. Una extraña coincidencia hizo que ambas selecciones llegaran ganando su respectiva semifinal por el mismo resultado abultado: 6 a 1. Los anfitriones golearon a Yugoslavia y los argentinos al combinado de Estados Unidos.

Pero en el día de la final, no hubo espacio ni para coincidencias, ni para acuerdos. Y una de las discusiones principales fue la pelota.

Si bien en aquel tiempo el balón estaba formado por gajos de cuero con una gruesa costura exterior, había diferentes variantes. Algunos tenían un tipo distinto de cuero, otros disponían los gajos de otra manera… la cuestión era que los argentinos querían que aquel partido crucial se jugara con un balón, mientras que los uruguayos preferían otro modelo al que ellos estaban más acostumbrados.

> Una de las discusiones principales fue la pelota.

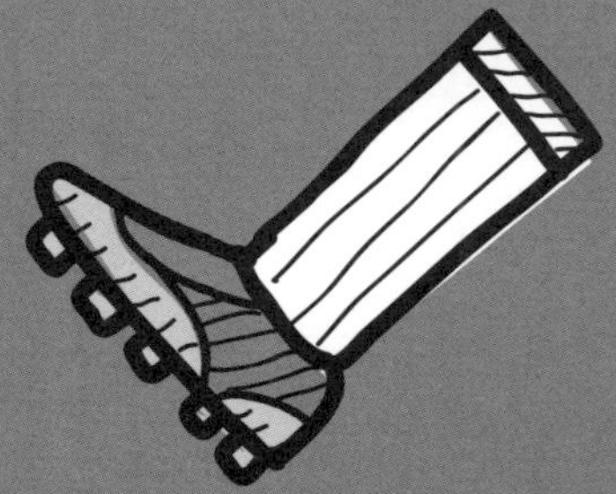

La solución que encontró el referí del encuentro, el belga Jean Langelus, fue la de disputar el primer tiempo con la pelota argentina y el segundo con la uruguaya.

Y quedó demostrado que no era una postura caprichosa la de ambas selecciones, ya que Argentina, con su balón, ganó aquella primera etapa 2 a 1, y luego, Uruguay, con cambio de pelota incluido, dio vuelta el partido y lo terminó ganando 4 a 2. Así se consagró como el primer campeón.

La costura exterior que tenían los balones de aquella época podía llegar a lastimar a aquel que se animara a cabecearlos, por lo que muchos jugadores disputaban los partidos usando boinas, gorras o algún pequeño sombrero.

EL SILENCIO MÁS LARGO

En la final del Mundial que organizó Brasil en 1950, los brasileños eran archi-mega-recontra-favoritísimos. Además, el partido entre Brasil y Uruguay no era una final en sí, porque el de 1950 fue el único Mundial que se definió con un cuadrangular entre los que salieron primeros de cada grupo en la fase inicial. Por lo tanto, se consagraría campeón del mundo aquel que ganara ese cuadrangular. Y a Brasil le alcanzaba con un empate frente a Uruguay para conseguirlo. En cambio, a los uruguayos solo les servía la victoria. Todo, absolutamente todo estaba en contra de Uruguay. Y a pesar de que Brasil no paró de atacar, consiguió mantener el 0 a 0 durante el primer tiempo. Pero cuando apenas corrían dos minutos de la segunda etapa, Brasil marcó su primer gol.

...

Se consagraría campeón del mundo aquel que ganara ese cuadrangular.

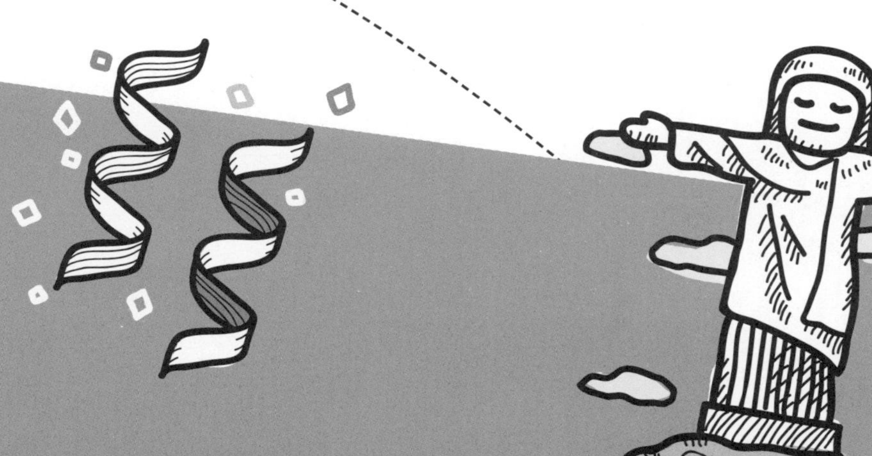

Entonces, mientras los hinchas locales se preparaban para el festejo, el uruguayo Ghiggia se escapó por la derecha, tiró un centro atrás, pase rápido de Schiaffino… ¡y goool de Uruguay! El arquero brasileño no pudo hacer nada.

Uruguay empataba, pero Brasil seguía siendo el campeón. A diez minutos de que se desatara el festejo carioca, a Ghiggia se le ocurrió volver a escaparse por la derecha. Esta vez entró en diagonal en el área contraria, se acomodó como para tirar el centro, ¡y los engañó a todos! Sacó un disparo directo al arco rival y metió el segundo gol de Uruguay.

Brasil ya no se recuperaría. Cuando el referí pitó el final, se hizo un silencio largo.

Ese día se recuerda como el «Maracanazo»: la final en donde se esperaba el festejo más grande del mundo, hasta que once uruguayos lograron callar a millones de brasileños.

Ese día se recuerda como el «Maracanazo»..

¿SABÍAS QUÉ?

Fue tan fuerte el golpe del «Maracanazo» para todo Brasil que, entre otras cosas, provocó que su selección abandonara la camiseta blanca con la que solía jugar hasta ese momento, y la cambiara por la amarilla que todos conocemos hoy.

GOL CON RETRASO

En el Mundial de 1958, dos equipazos llegaban a la final: Suecia, el dueño de casa, y Brasil, que buscaba olvidarse definitivamente del «Maracanazo». Empezaron golpeando los suecos, ilusionando a sus hinchas que habían llenado el estadio Råsunda, con un gol a cuatro minutos de empezado el partido; pero los brasileños contestaron con dos goles calcados, centro rasante y definición cerca del arco, para poner el 2 a 1 con el que terminaría el primer tiempo.

Al minuto 10 de la segunda etapa, llegaría uno de los goles más fabulosos de los Mundiales: Pelé domina la pelota cerca del punto penal, le hace un sombrerito a Sven Axbom —aunque más que un sombrerito, fue una galera, por la altura que tomó el balón— y antes de que pique, saca un gran disparo que manda la pelota al fondo de la red.

¡Golazo de Brasil, golazo de Pelé!

Golazo de Brasil, golazo de Pelé, cuya filmación en blanco y negro se sigue repitiendo una y otra vez. Pero Pelé haría otro gol en aquel partido, uno no tan recordado, que sin embargo tuvo un detalle increíble: hubo que esperar hasta después de finalizado el partido para saber si había valido o no.

Un tanto más por cada bando había dejado las cosas así: Suecia 2 - Brasil 4, y el encuentro estaba a punto de terminar. Los relatores brasileños lloraban de alegría ante la inminente victoria. Y entonces llegó aquella última jugada en la que el balón cayó llovido en el área sueca para que Pelé, utilizando lo que le quedaba de fuerza, saltara bien alto y cabeceara. De esta manera, consiguió que, luego de una extraña parábola, la pelota se metiera una vez más en el arco de Svensson, el arquero de Suecia.

Inmediatamente, se escuchó el pitazo del referí, pero no para marcar aquel gol, sino para ponerle punto final al partido y al Mundial.

Aquello desató el festejo de los nuevos campeones del mundo. Pelé lloró de alegría con sus compañeros, los suecos caminaron hacia los vestuarios, buscándole alguna explicación a la derrota. Y en medio de todo aquello, algunos se dieron cuenta de que el tanteador en el estadio seguía marcando Suecia 2, Brasil 4… pero entonces no valía el último gol brasileño… ¿o sí? La duda duró unos instantes, hasta que el mismo referí, prácticamente desde los vestuarios, dijo que el gol era válido.

¿SABÍAS QUÉ?

La selección brasileña volvió a vivir un episodio bastante parecido en el Mundial de Argentina 1978, cuando por el grupo 3 le tocó enfrentar a… ¡Suecia! Otra vez los mismos rivales. Es de no creer: en la última jugada del encuentro, la selección brasileña, empatada 1 a 1 con los suecos, ejecuta un tiro de esquina, cabezazo y… ¡goool! Los brasileños gritan como locos en las tribunas, pero el árbitro anula el tanto argumentando que pitó el final del partido… ¡mientras la pelota estaba en el aire!

UN GOL FANTASMA

Nunca se terminó de definir si aquella pelota rebotó adentro o afuera.

Sucedió en la final de Inglaterra 1966, protagonizada por el dueño de casa contra la selección de Alemania Federal. Con el partido 2 a 2 en los noventa minutos reglamentarios, se tuvo que ir al alargue. En el minuto 11, el inglés Hurst, que ya había marcado un tanto, recibió un centro en el área grande rival y pateó al arco. La pelota pegó en el travesaño y rebotó en la línea de gol, para luego regresar al campo de juego y ser despejada por un desesperado alemán. Pero de nada sirvió aquel despeje, porque el árbitro dio la conversión como válida. Sin embargo, nunca se terminó de definir si aquella pelota rebotó adentro o afuera del arco. Luego, Hurst volvería a anotar sobre el final del tiempo extra, poniendo el 4 a 2 definitivo para Inglaterra, el nuevo campeón.

¿SABÍAS QUÉ?

Alemania pudo tomarse revancha de aquel gol fantasma recién en Sudáfrica 2010, cuando enfrentó al seleccionado inglés por los octavos de final. Cuando se acababa el primer tiempo, el jugador inglés Frank Lampard sacó un fabuloso remate que se estrelló en el travesaño, rebotó unos cincuenta centímetros dentro del arco y volvió a salir. Aun así, el árbitro no convalidó el gol.

LA OTRA FINAL

MONTSERRAT

El 30 de junio de 2002 se jugó la final del Mundial de Corea-Japón, y la gran noticia fue que Brasil se consagró por quinta vez campeón del mundo al vencer a Alemania por 2 a 0.

Pero hubo otra final aquel día.

Movilizados por dos cineastas neerlandeses, las dos peores selecciones de fútbol de ese momento, Montserrat, la isla caribeña con el peligroso volcán Soufrière Hills, y Bután, un pequeñísimo reino situado en el Himalaya —la cordillera más alta del planeta— se juntaron para jugar su propia final.

En Bután, el terreno es tan pero tan montañoso que casi no hay lugares llanos donde construir campos de fútbol. Aun así, este increíble partido se llevó a cabo en la capital de aquel país, Thimphu.

Las dos peores selecciones de fútbol se juntaron para jugar su propia final.

BUTÁN

La selección de Bután —de los dos equipos, el mejor ubicado en el ránking— le ganó por 4 a 0 a su par de Montserrat. Pero para los cineastas, que terminaron filmando el documental *La otra final*, basado en aquel encuentro, el resultado era lo de menos. «No se trata de quién gana o pierde —dijo Matthijs de Jongh, el productor de este genial proyecto—, sino de la fiesta que supone este partido para dos países que, a pesar de los obstáculos, comparten un mismo amor por el fútbol».

Camino a Rusia 2018, la selección de Montserrat no pudo hacer mucho, aunque tampoco fue goleada: jugó dos partidos contra el equipo de Curazao, otro país isleño del Caribe. El partido de ida lo perdió solo 2 a 1, y la revancha fue empate 2 a 2. Quedó fuera de competencia, pero mejoró teniendo en cuenta anteriores eliminatorias. Bután, por su lado... ¡fue la sorpresa en Asia! Ante el asombro de todos, llegó por primera vez a la segunda ronda de las eliminatorias asiáticas y dejó atrás a Sri Lanka. Es verdad que luego recibiría goleadas tremendas como el 15 - 0 ante Qatar o el 12 - 0 frente a China, que la dejó lejos de Rusia, pero, al igual que Montserrat, consiguió salir de lo más profundo de la clasificación Mundial de la FIFA.

EN CONTRA DE TODOS LOS PRONÓSTICOS Y DE SU ARCO

No era extraño que el primer gol en la final de Rusia 2018 lo marcara Mario Mandžukić. El delantero croata ya había convertido dos tantos en Brasil 2014, y llevaba anotados otros dos en aquel Mundial. Lo que hacía diferente a este gol era que la pelota había ingresado en el arco de la selección de Croacia. Sí, Mandžukić acababa de marcar el primer gol en contra en una final del mundo. Así era como Francia empezaba ganando 1 a 0 aquel partido que terminaría 4 a 2 a favor de los galos, quienes se consagrarían campeones en Rusia.

Pero aquel primer autogol en una final mundialista selló una marca aún más increíble: llevó a 12 la cantidad de goles en contra convertidos en aquel Mundial de 2018… ¡una marca que duplicaba la registrada en Francia 1998, que hasta ese momento era la copa del mundo con más autogoles!

Así vale la pena hacer un gol en contra…

¿SABÍAS QUÉ?

Mario Mandžukić no solo convirtió el primer gol de aquel partido contra Francia, sino también el último... pero esta vez en el arco correcto. Y también sería el último tanto de él en la selección croata, ya que luego de ese encuentro se retiraría de su equipo nacional.

UNA FINAL LLENA DE RÉCORDS

La final de Qatar 2022 entre los seleccionados de Argentina y Francia fue tan emocionante, tan impredecible, que para muchos pasó a ser la mejor final mundialista de todos los tiempos. Los argentinos desplegaron un futbol fantástico, pocas veces visto, hasta bien entrado el segundo tiempo, lo que los llevó a estar 2 a 0 y merecer algunos goles más. Pero en un par de ataques electrizantes, los franceses, defensores del título, empataron el partido y lo llevaron a la prórroga. Allí hubo un tanto más para cada equipo y los galos estuvieron a punto de ganar sobre el final si no fuera por una mítica atajada de Emiliano *Dibu* Martínez, el guardameta de los albicelestes. El resultado final fue Argentina 3 (dos goles de Lionel Messi, el primero de penal, y uno de Ángel Di María), Francia 3 (los tres goles de Kylian Mbappé, el primero y el tercero de penal). Los argentinos luego se consagrarían campeones del mundo en la definición por penales. Y por si todo esto fuera poco, además de hinchas al borde del colapso y relatores afónicos, aquel partido dejó una impresionante cantidad de marcas históricas. Miren sino:

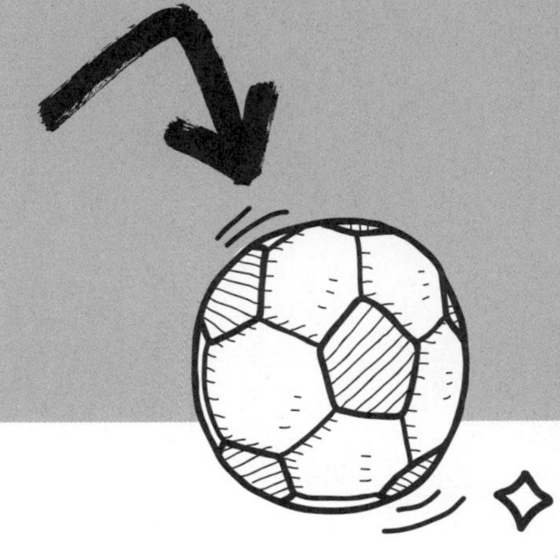

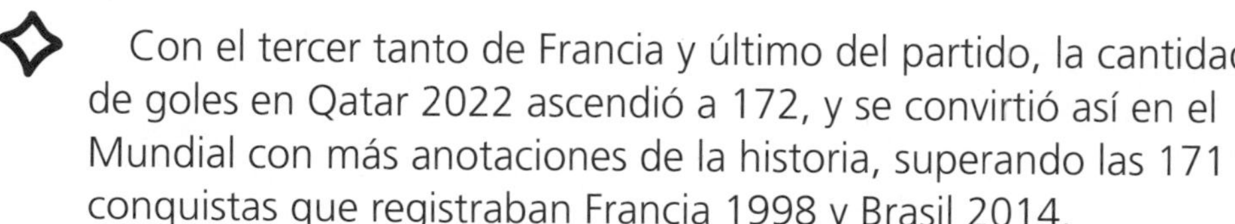

Con el tercer tanto de Francia y último del partido, la cantidad de goles en Qatar 2022 ascendió a 172, y se convirtió así en el Mundial con más anotaciones de la historia, superando las 171 conquistas que registraban Francia 1998 y Brasil 2014.

Mbappé consiguió el segundo doblete más rápido en la historia de las Copas del Mundo. Es que entre el primer gol de Francia y el segundo, solo transcurrieron 1 minuto y 37 segundos.

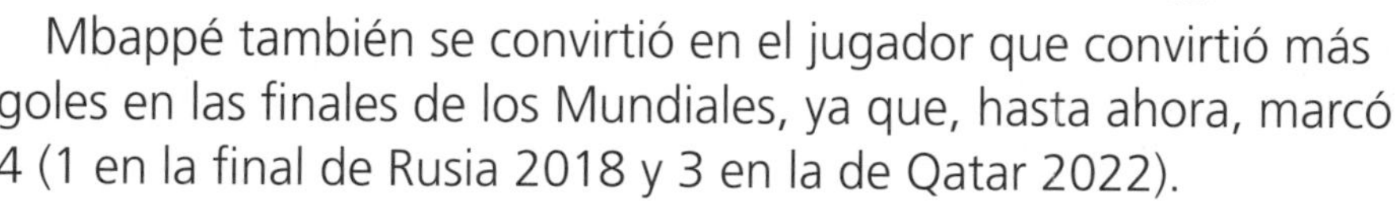

Mbappé también se convirtió en el jugador que convirtió más goles en las finales de los Mundiales, ya que, hasta ahora, marcó 4 (1 en la final de Rusia 2018 y 3 en la de Qatar 2022).

Una marca más de Mbappé: junto con el inglés Geoff Hurst, son los únicos dos jugadores en marcar un *hat-trick* en una final de la Copa del Mundo (aunque recordemos que uno de los tres goles marcados por Hurst en 1966 fue el polémico «gol fantasma»).

Con el puntapié inicial, Messi ya batía dos récords: primero, se convertía en el jugador con más partidos mundialistas disputados, con 26, y superaba así los 25 de otra leyenda viviente, el alemán Lothar Matthäus. Y segundo, se transformó en el jugador que más veces llevó la cinta de capitán de su selección en un Mundial, cosa que hizo en 19 ocasiones.

A los 23 minutos del primer tiempo, Messi registró una nueva marca. Al convertir el penal que le dio el primer gol a la selección argentina, se transformó en el único futbolista que anota al menos un tanto en todas las fases de un mismo Mundial.

Un minuto después, cuando el reloj marcó 24 minutos de juego, Messi volvía a quebrar una marca. Esta vez se trataba de la que había registrado el italiano Paolo Maldini que, hasta ese momento, era el jugador con más minutos disputados en mundiales: 2217. El astro argentino llevó esa marca a 2284 minutos.

A los 36 minutos del primer tiempo, Ángel di María se convirtió, al marcar el 2 a 0 para Argentina, en el primer jugador en anotar goles en la final de los Juegos Olímpicos, en la final de un campeonato continental (Copa América 2021) y en la final de un Mundial.

Argentina es la selección que más definiciones por penales ganó en los mundiales: al triunfar de esa manera en la final de Qatar 2022, llevó esa cifra a 6 definiciones. Una efectividad asombrosa si tenemos en cuenta que le tocó definir desde los doce pasos en 7 ocasiones.

El argentino Jonatan Fabbian también marcó un récord impresionante en la final mundialista de Qatar. ¿Y quién es ese tal Jonatan? Pues se trata de un periodista que aquel 18 de diciembre de 2022, en el estadio Lusail, se convirtió en la persona que más partidos de un mismo Mundial pudo presenciar: ¡46 encuentros!

EL TROFEO

¡A levantarlo
bien alto!

TROFEO JULES RIMET

Fue el primer trofeo que se entregó a las selecciones campeonas de las Copas del Mundo disputadas entre 1930 y 1970. Originalmente se llamó Victoria, ya que representaba a Niké, la diosa de la victoria en la mitología griega; pero luego fue rebautizada como Jules Rimet, en honor al francés que fue presidente de la FIFA entre 1921 y 1954, y quien tuvo la idea de crear los Mundiales de fútbol.

El trofeo, obra del escultor francés Abel Lafleur, estaba hecho en plata y oro, y tenía una base de piedras preciosas llamadas lapislázuli. Medía 35 centímetros de altura y pesaba 3,8 kilogramos.

La selección brasileña ganó el torneo por tercera vez en 1970, y así pudo quedarse con el trofeo definitivamente, como había sido estipulado por el mismo Jules Rimet.

¿SABÍAS QUÉ?

A cuatro meses del inicio del Mundial de 1966, los dirigentes ingleses quisieron que el trofeo Jules Rimet visitara todo el país. Pero se encontraron con una desagradable sorpresa: mientras era exhibido en Londres... ¡se lo robaron! ¿Cómo empezar el torneo sin la copa en juego? ¡Aquello era un desastre! Era tal la desesperación que hasta fueron llamados los mejores detectives de Scotland Yard para que tomaran cartas en el asunto. Sin embargo, el que terminó encontrando el trofeo medio enterrado junto a un árbol... ¡fue un perro llamado Pickles!

COPA MUNDIAL DE LA FIFA

A partir de Alemania 1974, se puso en juego un nuevo trofeo que reemplazó al Jules Rimet, denominado simplemente Copa Mundial de la FIFA. Fue creado por el artista italiano Silvio Gazzaniga en oro y malaquita, mide 36,8 centímetros de altura y pesa 8,175 kilogramos. En él pueden apreciarse las figuras de dos atletas que alzan sus manos para sostener el mundo. En la parte inferior, están inscriptos los nombres de los países que ganaron esta nueva copa a partir de 1974.

36,8 CENTÍMETROS DE ALTURA Y 8,175 KILOGRAMOS.

¿SABÍAS QUÉ?

Tal vez debido a lo que ocurrió con el anterior trofeo, el actual es vigilado casi constantemente. Lo sabe bien el español conocido como Jimmy Jump, que minutos antes de la final de Sudáfrica 2010 entre España y Países Bajos, saltó al campo de juego e intentó... ¡ponerle un gorrito a la Copa Mundial de la FIFA! Estuvo a milímetros de hacerlo, pero lo interceptaron justo, y entre siete fortachones se lo llevaron del estadio.

FESTEJOS

Un mundo de argentinos

Si existiera un trofeo que premiara a los campeones mundiales de los festejos… Argentina también se lo habría arrebatado a Francia. ¡Y por goleada!

Los galos se jactaban de haber recibido con un millón de personas en las calles de París al equipo campeón de Rusia 2018. Pero cuando el conjunto de Lionel Scaloni (bautizado por la mayoría como «la Scaloneta») trajo la Copa del Mundo ganada en Qatar 2022 a Argentina, fueron sorprendidos por… ¡seis millones de apasionados hinchas! ¡Seis millones! A pesar del implacable sol de diciembre que hizo subir la temperatura a más de 30 °C, las calles de Buenos Aires se transformaron en una marea de personas, de papelitos, serpentinas, gorros y banderas celestes y blancas, de gritos y cantos y llantos de alegría. Era tanta la gente, tanta, que el ómnibus que transportaba a los campeones tuvo que detener su lentísimo avance entre los hinchas, y hacer que algunos de los jugadores subieran a helicópteros que pudieran sobrevolar aquella gigantesca y espontánea manifestación.

Periodistas de todo el mundo registraron aquella celebración jamás vista. Intentaban traducir en palabras para periódicos, radios, canales de televisión, portales de internet… eso que sus ojos veían, pero que sus mentes no podían entender… eso que solo un argentino puede sentir mientras canta «Muchachos, ahora nos volvimos a ilusionar, quiero ganar la tercera, quiero ser campeón mundial. Y al Diego, en el cielo lo podemos ver, con don Diego y con la Tota, alentándolo a Lionel».

¿SABÍAS QUÉ?

La canción que se convirtió en el hit de Qatar 2022, «Muchachos, ahora nos volvimos a ilusionar», la creó un hincha fanático de Racing Club de Avellaneda, reversionando la canción del grupo musical La mosca tsé-tsé llamada «Muchachos, esta noche me emborracho».

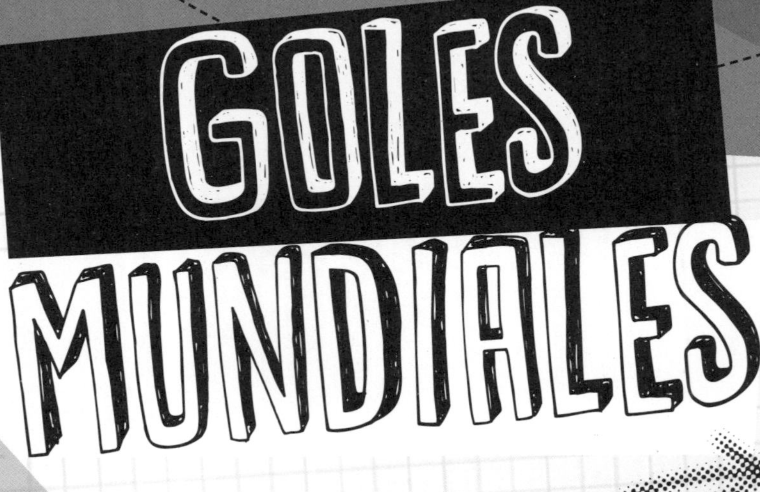
GOLES
MUNDIALES

GOLEADORES

Jugador	País	Goles
Miroslav Klose	Alemania	16
Ronaldo Nazário	Brasil	15
Gerd Müller	Alemania	14
Just Fontaine	Francia	13
Lionel Messi	Argentina	13
Kylian Mbappé	Francia	12
Pelé	Brasil	12
Sándor Kocsis	Hungría	11
Jürgen Klinsmann	Alemania	11
Teófilo Cubillas	Perú	10
Grzegorz Lato	Polonia	10
Gary Lineker	Inglaterra	10
Gabriel Batistuta	Argentina	10
Thomas Müller	Alemania	10

CAMPEONES

Mundial	Sede	Campeón	Subcampeón
1930	Uruguay	Uruguay	Argentina
1934	Italia	Italia	Checoslovaquia
1938	Francia	Italia	Hungría
1950	Brasil	Uruguay	Brasil
1954	Suiza	Alemania Fed.	Hungría
1958	Suecia	Brasil	Suecia
1962	Chile	Brasil	Checoslovaquia
1966	Inglaterra	Inglaterra	Alemania Fed.
1970	México	Brasil	Italia
1974	Alemania Fed.	Alemania Fed.	Países Bajos
1978	Argentina	Argentina	Países Bajos
1982	España	Italia	Alemania Fed.
1986	México	Argentina	Alemania Fed.
1990	Italia	Alemania Fed.	Argentina
1994	Estados Unidos	Brasil	Italia
1998	Francia	Francia	Brasil
2002	Corea del Sur y Japón	Brasil	Alemania
2006	Alemania	Italia	Francia
2010	Sudáfrica	España	Países Bajos
2014	Brasil	Alemania	Argentina
2018	Rusia	Francia	Croacia
2022	Qatar	Argentina	Francia